高等学校教材

# 新编基础日语

# 学习参考书

## （一、二册）

编 著
　　赵华敏　王彩琴
审 定
　　孙宗光

上海译文出版社

# 前　言

值此《新编基础日语》(1—4册)(修订版)问世的时候,我们编写了与其配套的《新编基础日语学习参考书》。共两册,第一册针对教科书第 1、2 册;第二册针对教科书第 3、4 册。本书的编写旨在:一、方便教师和学生教与学;二、完善和补充教科书中对语音、功能意念、语法说明不够充分或在教科书中不宜充分展开的部分;三、加强对功能意念的认识和练习力度;四、补充综合练习,为学生参加日本国际交流基金的日语能力测试和我国日语教学指导委员会组织的日语四级考试提供一定的帮助。

本册的各课结构和主要内容如下:

1. この課のポイント(本课重点):

逐条列出该课重点,以便使用者对该课需要掌握的知识一目了然,心中有数。

2. 補足説明(补充说明):

"音声"(语音)方面,对中国人学习日语时容易在语音方面出现的问题予以提示,并积极引进最新的研究成果,力求让流畅的语音为语言交际提供方便。

"コミュニケーション機能"(功能意念)方面,随着对话语结构研究和语用学研究的不断深入,完善和补充了教科书中对其解释的不足部分。

"文法"(语法)方面,通过补充说明和对比的方式,力求归纳一些语法问题,同时补充日语教学研究中的新成果和概念。

3. 補足練習(补充练习):

主要补充的是关于"コミュニケーション機能"(功能意念)的练习。以此进一步增强学习者的话语结构和实际运用意识,在如何引导学习者得体地运用语言方面做了一些尝试。同时也补充了 1—5 课的语法练习。

4. チャレンジ・コーナー(挑战极限)

这是给学习者提供的实际运用该课所学知识的园地。希望它能鼓起学习者的

斗志,在学习中永远发扬挑战精神。

5. 答案:

这部分包括三项内容,(1)课文翻译;(2)教科书上的练习答案,主要是填空和翻译练习;(3)阅读翻译;(4)补充练习答案。我们把每课的答案直接附在了该课之后,以方便使用者查阅。

6. 付録(附录)

附录包括三项:附录1是第一册教科书中课外阅读的翻译;附录2是第二册教科书中课外阅读的翻译;附录3是有关助词的综合练习,主要练习的是格助词的用法。

本册书的编者及其分工如下:

孙宗光教授负责全书的审定;赵华敏教授负责全书的设计、统稿及大部分课次的注释、补充练习的答案;王彩琴副教授负责1、2册教科书的翻译和全书的练习答案及部分课次的注释。

综合练习的格助词练习中采纳了北京大学刘振泉老师为我们提供的部分练习题,在此表示深深的谢意。

编著者
2007 年 8 月

# 目 録

# 第1課
## あさです

---

**この課のポイント**

音声

　　あ、か、さ行的发音

コミュニケーション機能

　1. 早、中、晩问候的表达形式

　2. 1–100 的数法

　3. 时刻的说法

文法

　　判断句的用法

---

## 補足説明

音声

　　从本课起我们就正式开始挑战日语了。我们不仅学习了あ、か、さ行的发音,还学习了简单的句子。大家已经注意到了每个单词都注有声调,一个句子是由数个单词组成的,所以在说整个句子的时候应该是有起伏的。但在听录音时,大家可能已经意识到了,这种起伏并不大,其实这正是日语声调的特点,总体是呈 "へ" 字形趋势的。中国人说话习惯有抑扬顿挫,所以掌握日语的声调是一个难点,需要逐步习惯。在今后的学习中要特别注意,仔细体会。

　　请大家边留意上面的提示,边仔细听课文的录音。例:

おはようございます。

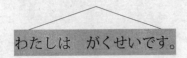

わたしは　がくせいです。

## 補足練習

一、完成下列对话。

(1)先生: おはようございます。

　　学生: ＿＿＿＿＿＿＿＿＿＿。

(2)父親: おはよう。

　　私 : ＿＿＿＿＿＿＿＿＿＿。

(3)友達: おはよう。

　　私 : ＿＿＿＿＿＿＿＿＿＿。

(4)母親: おやすみなさい。

　　私 : ＿＿＿＿＿＿＿＿＿＿。

(5)友達: おやすみ。

　　私 : ＿＿＿＿＿＿＿＿＿＿。

二、下列情况应该如何打招呼?

(1)中午时分,在路上遇见老师时: ＿＿＿＿＿＿＿＿＿＿＿＿＿。

(2)晚上回家,看到有客人在家里时: ＿＿＿＿＿＿＿＿＿。

(3)晚上同学聚会结束分手时: ＿＿＿＿＿＿＿＿＿＿。

三、在下划线处填入适当的助词。

(1)わたし＿＿＿＿がくせいです。田中さん＿＿＿＿がくせいです。

(2)山田さん＿＿＿＿にほん＿＿＿＿りゅうがくせいです。

(3)わたし＿＿＿＿ちゅうごくじんです。田中さん＿＿＿＿にほんじんです。

○チャレンジ・コーナー

一、你能最快、最准确地说出时间吗？

（1）あさです。____時です。

（2）ひるです。____時です。

（3）よるです。____時です。

二、你能用这课学习的知识介绍自己和他人吗？最多能说几
　　句话？

（1）わたしは_____。

（2）_____さんは_____。

## 答　案

### 1. 课文译文

第 1 课　　早晨

课文

（1）

现在是早晨。　　　　　　　　现在是晚上。

早上好。　　　　　　　　　　晚上好。

现在是白天，　　　　　　　　现在已经(是晚上)10点了。

你好。　　　　　　　　　　　晚安。

（2）

我是学生。　　　　　　　　　山田是日本人。

山田也是学生。　　　　　　　田中也是日本人。

他是留学生。　　　　　　　　山田是我的朋友。

　　　　　　　　　　　　　　田中也是我的朋友。

我是中国人。　　　　　　　　他们是日本留学生。

**2. 补充练习答案**

一、（1）おはようございます （2）おはようございます （3）おはよう （4）おやす
　　みなさい （5）おやすみ

二、（1）こんにちは （2）こんばんは （3）おやすみ

三、（1）は；も （2）は；の （3）は；は


**チャレンジ・コーナー ( 参考 )**

一、（1）7 （2）12 （3）10

二、（1）わたしは　ちゅうごくじんです。　がくせいです。田中さんの　ともだちです。

　　（2）山田さんは　日本人です。山田さんも　がくせいです。わたしの　ともだち
　　です。

# 第2課
## いってまいります

この課のポイント

音声

た、な、は、ま、や、ら、わ行的发音

コミュニケーション機能

1. 离开和回家时的寒暄语

2. 表示移动的动词：でます、あるきます、きます、のります、
   よります、かえります

3. 量词：冊

4. 时序：それから

文法

1. 叙述句和动词

2. 格助词："まで"、"を" ①②、"が" ①、"に" ①

3. 助动词："ます"、"ました"

## 補足説明

### 一、音声

到这课为止，我们已经学完了日语所有的清音音节，也就是我们教科书上的"五十音图"。这课所学的七行发音中，有几个是特别需要提醒大家注意的。

### 1. "た行"的"つ"

教科书中已经提到，发这个音时不能发成汉语的"粗"，同时，口形也不能太扁，发成"疵"，发成二者的中间音比较合适。

## 2. "は行"的"ふ"

汉语中没有这个音,因此不容易掌握。它与汉语拼音中的"f"不同,请特别注意教科书中的发音要领。

## 3. "な行"和"ら行"

教科书中已经提到,我国部分地区的日语学习者由于受方言的影响,容易混淆他们之间的区别,请注意 [n] 与 [r] 的发音要领,认真观察、体会口形。同时也想告诉大家,只要努力是完全可以克服困难,发准这两行音的。

## 4．送气音和不送气音

本课讲到"た行"时,涉及到了送气音和不送气音的概念。其实,在第1课学习"か行"时已经提到了这个问题。这两行音在位于词头时发送气音,这对于我国的日语学习者并不难。但在词中或词尾时发不送气音,这对于我国的日语学习者来说有一定的困难,容易被浊化。这个问题在学习浊音时会更加明显,在这里先提醒大家注意。

## 二、コミュニケーション機能
"いってまいります"和"いってきます"

这是将要离开家或工作单位等,并暗示还要回来的人说的话。"いってまいります"是比较郑重、客气的说法。家人之间或关系密切的同事之间,多用"いってきます"。另外"いってらっしゃい"是"いっていらっしゃい"的约音现象。

## 三、文法

## 1．敬体和简体

第1课的"です"是表示敬体的断定助动词,本课学习的是叙述句的敬体形式"ます"和"ました"。日语是根据说话人和听话人的年龄、身份、性别等来决定选用敬体或简体的。敬体多用于对长辈或关系不是很密切的人之间;简体用于与说话人同辈或年龄、社会地位等相同或低于自己的人。书面语一般用简体(书信除外)。

## 2．格助词

本课学习了四个格助词。所谓"格"是语法术语,表示名词、代词等在句子中与其他词之间的关系。一个格助词可以同时肩负几种意义,本课的"を""が""に"即是如此。由于汉语中没有格助词的概念,因此,对于我国的日语学习者也是难点之一。建议大家如"コミュニケーション機能"中所示,与动词一起记忆,这样可以达到事半功倍的效果。

## 補足練習

一、反复练习下列发音。

　　　しき──しち　　　すむ──つむ　　　かな──から　　　きる──きぬ
　　　かれ──かね　　　うち──うに　　　いぬ──いる　　　なつ──なす
　　　いたい──いない　　　りかい──にかい　　　きない──きらい


　　　ふえ　　ふね　　ふるい　　ふたり　　さいふ　　ナイフ


二、完成下列对话。

（1）わたし：_____。

　　　母　親：いってらっしゃい。

（2）妹：いってきます。

　　　親：_____。

（3）部下：_____。

　　　上司：いってらっしゃい。

（4）夫：ただいま。

　　　妻：_____。

（5）母親：ただいま。

　　　私　：_____。


三、下列情况应该如何打招呼?

（1）早上离开家时：_____。

（2）晚上回家时：_____。

（3）家里人从外面回来时：_____。

（4）嘱咐离开家里人路上当心时：_____。


四、在下划线处填入适当的词。

（1）李さんは　きょうしつ_____でした。

（2）あ、先生＿＿＿＿＿きました。

（3）あさ　パン＿＿＿＿＿たべました。

（4）母は　ふるさと＿＿＿＿＿かえりました。

（5）ともだちの　うち＿＿＿＿＿よりました。＿＿＿＿＿＿＿、うち＿＿＿　かえりました。

（6）ほんや＿＿＿＿＿あるきました。ほん＿＿＿＿＿2＿＿＿＿＿かいました。

---

○チャレンジ・コーナー

　你能用学过的时刻和"ます"、"ました"讲述今天的事情吗?

　例:わたしは　7時に　うちを　でました。……

---

## 答　案

### 1. 课文译文

第2课　　我走了

课文

（1）

我走了。

去吧。

路上当心(走好)。

离开家(走出家门)。

走到汽车站。

汽车来了。

上了车。

（2）

铃响了。

走出教室。

顺便去了书店。

买了一本杂志。

然后回家了。

我回来了。

你回来啦。

### 2. 补充练习答案

二、(1)いってきます　(2)(きをつけて、)いってらっしゃい　(3)いってまいります

　　(4)おかえりなさい　(5)おかえりなさい

三、(1)いってきます／いってまいります　(2)ただいま　(3)おかえりなさい

（4）きをつけて、いってらっしゃい

四、（1）を（2）が（3）を（4）に（5）に；それから；に（6）まで；を；さつ


チャレンジ・コーナー（参考）

　　わたしは　7時に　うちを　でました。バスていまで　あるきました。ともだち
を　まちました。ともだちが　きました。　バスに　のりました。　8時です。　ベ
ルが　なりました。こうぎを　ききました。

　　12時です。きょうしつを　でました。パンを　たべました。

　　ほんやまで　あるきました。　ほんを　1さつ　かいました。ともだちの　うち
に　よりました。

　　6時に　うちへ　かえりました。

## 第 3 課
# きょうしつは　あかるいです

> ### この課のポイント
> **音声**
> 　1. 濁音　が、ざ、だ、ば 行的发音
> 　2. 半濁音　ぱ 行的发音
> **コミュニケーション機能**
> 　1. 表示祝贺和对别人的祝贺表示感谢
> 　2. 送礼
> 　3. 喜悦
> 　4. 询问
> 　5. 表示面积的大小
> 　6. 表示量的多少
> **文法**
> 　1. 描写句①和形容词
> 　2. 接头词：“ご” 和 “お”
> 　3. 指示代词：“これ、それ、あれ、どれ”
> 　4. “です” 的推测形式 “でしょう”

## 補足説明

**一、音声**

**1，鼻音和鼻浊音**

　　教科书中讲到 “が” 行的发音时，提到很多年轻人在该发鼻浊音时不发的问题。这种

现象应该说现在更加普遍,已经不仅限于年轻人。不过,还是希望大家学会发鼻浊音,听起来比较漂亮,因为大多数广播员还都是发鼻浊音的。发不出来的学习者也不要着急,毕竟有很多日本人已经也不发鼻浊音。

## 2．送气音和不送气音

本课又讲到了这个问题。因为当学了"が"行和"だ"行之后,这个问题就显得更突出了。当"か"行、"が"行、"た"行、"だ"行的音处在词头以外的位置时,会有一部分学习者感到困惑,分不清楚是清音还是浊音。这是因为在汉语中送气音和不送气音是有严格区别的,而日语则不同。希望大家认真掌握发音要领,注意老师和录音中发这些音时的区别,也可以自己发音,请同学来听,不断更正自己的发音。另外,希望大家也不要过于着急,过于拘泥这个问题。随着不断的学习,你也会慢慢区别开送气音和不送气音的。

## 3．形容词的发音

本课我们开始学习形容词。可能大家已经发现,形容词的声调可以分成两种趋势。一种是从倒数第2个音开始低,如:うれしい③、ひろい②;另一种是一直高到最后或第一拍高,其它都低,如:あかるい⓪、おおい①。

## 二、文法

### 关于形容词

形容词分形容词和形容动词,本课我们学习的是形容词。形容词的特点是以"い"为词尾。因此,近年来的许多教科书中也把这类形容词叫"イ形容詞"。希望大家记住这个概念,以免不知所云。

**補足練習**

### 一、反复练习下列发音。

がいこく──かいこく　　　　こども──ころも
だいがく──たいがく　　　　みだれる──みなれる──みられる

### 二、从本课的单词表中找出音调有不同倾向的形容词。

从倒数第2个音开始低:

高到最后或第一拍高,其它都低:

三、完成下列对话。

(1)わたし:おとうさん、おたんじょうび_____。

　　父　親:_____。

(2)わたし:しんがく_____。

　　弟　　:_____。

(3)わたし:ごそつぎょう_____。

　　先　輩:_____。

　　わたし:これ、_____。

　　先　輩:まあ、_____。_____。

　　わたし:_____。

　　先　輩:_____。

四、下列情况应该怎么说?

(1)祝贺新年时:_____。

(2)对对方的来信表示感谢时:_____。

(3)送给对方表示祝贺的礼物时:_____。

(4)表示喜悦的心情时:_____。

(5)表示询问时:_____。

五、从下面的形容词中找出适当的词填在下划线上。

　　①おもしろい　　　　②せまい　　　　③ひろい

　　④あかるい　　　　　⑤たのしい　　　　⑥やさしい

(1)わたしの　がくせいせいかつは_____です。

(2)この　へやは_____です。

(3)わたしたちの　せんせいは_____です。

(4)だいがくの　うんどうじょうは_____です。

(5)にほんごの　こうぎは_____です。

(6)わたしたちの　きょうしつは_____です。

六、在下划线处填入"これ、それ、あれ、どれ"。

（1）A：(指着对方的东西)＿＿＿＿＿＿＿はなんですか。

　　B：＿＿＿＿＿＿＿は　にほんごの　ざっしです。

（2）A：にほんごの　じしょは＿＿＿＿＿＿＿ですか。

　　B：(指着自己前面的东西)＿＿＿＿＿＿＿です。

（3）A：(指着远方的建筑物)＿＿＿＿＿＿＿は　なんですか。

　　B：＿＿＿＿＿＿＿は　だいがくの　としょかんです。

---

○チャレンジ・コーナー

你能和你的搭档按下列条件编一段小对话吗？

A 的角色：（1）对方是你的学长。

　　　　　（2）他(她)要结婚了,你来表示祝贺。

　　　　　（3）你要送给他(她)结婚礼物。

B 的角色：（1）对方是你的师弟(师妹)。

　　　　　（2）他(她)来表示祝贺,你要表示感谢。

　　　　　（3）他(她)送来礼物,你要表示感谢。

---

## 答　案

1. 课文译文

第 3 课　教室是明亮的

课文

（1）

祝贺你进入新的学校。

谢谢。

这是祝贺你入学的礼物(这是贺礼)。

呀,真高兴。是什么呀？

是手表。

多谢。

（2）

大学的校园很大。

植物很多。

教室很明亮。

课很有意思。

老师和蔼可亲。

大学生活很愉快。

2．补充练习答案

二、从倒数第2个音开始低：せまい　すくない　うれしい　ひろい　おもしろい
　　　　　　　　　　　　　　　やさしい　たのしい

　　高到最后或第一拍高,其它都低：あかるい　おおい

三、（1）おめでとうございます。/ありがとう。

　　（2）おめでとう。/ありがとう。（ありがとうございます。）

　　（3）おめでとうございます。/ありがとう。/そつぎょういわいです。/うれしい。

　　　　　なんでしょう。/うでどけいです。/ありがとう。

四、（1）あけまして、おめでとうございます。

　　（2）おてがみ、ありがとうございます。

　　（3）これ、〜いわいです。

　　（4）まあ、うれしい。

　　（5）なんでしょう。

五、（1）⑤；①　（2）②；③　（3）⑥　（4）③；②　（5）①；⑤　（6）④；②；③

六、（1）それ；これ　　（2）どれ；これ　　（3）あれ；あれ


チャレンジ・コーナー（参考）

A：ごけっこん、おめでとうございます。

B：ありがとう。

A：これ、けっこんいわいです。

B：まあ、うれしい。なんでしょう。

A：アルバム（相册）です。

B：ありがとう。

## 第4課

おげんきですか

この課のポイント

**音声**

    1. 拗音音节

    2. 特殊音节：拨音、促音、长音

**コミュニケーション機能**

    1. 表示问候的寒暄语

    2. 询问

    3. 喜欢

    4. 评价

    5. 擅长

**文法**

    1. 描写句②和形容动词

    2. 语气助词："か"和"ね"

    3. 感叹词："はい"

    4. 格助词："が"②

補足説明

一、音声

日语的"拍"

    到本课为止，我们已经学习了日语的所有音节。音韵学有一个重要的概念，叫"拍"（モーラ mora）。日语的一个假名就是一拍。本课我们学习了拗音（きゃ）、拨音（ん）、

促音(っ)、长音等,都占一拍。如:ちきゅう（3拍）、しんぱい（4拍）、パーセント（5拍）、コンピューター（6拍）。

　　以上这些看似简单,但对我国的日语学习者来说也是难点之一,拨音、促音和长音往往发得不够长。所以应特别注意,一定要把每一拍的音发足。

二、コミュニケション機能

对"ひさしぶりですね"、"おかわりありませんか"的应答

　　这两句话是时隔一段时间重又见面时的问候。除了说话人用来问候对方,有时也会听到对方的问候。这时应怎样回答呢?

　　当听到"(お)ひさしぶりですね"的问候时,一般也会以同样的问候回敬,即:"(お)ひさしぶりですね"。然后可紧接着问候:"おげんきですか"。例:

　　A：おひさしぶりですね。

　　B：おひさしぶりですね。おげんきですか。

　　A：はい、おかげさまで、げんきです。

　　　　……

以此来延续对话。

　　当听到"おかわりありませんか"的问候时,一般作为寒暄语可以回答"はい、げんきです。"或"ありがとうございます。おかげさまで（げんきです）"。例:

　　A：王さん、ひさしぶりです。おかわりありませんか。

　　B：ありがとうございます。おかげさまで（げんきです）。

　　A：それはなによりですね。

　　　　……

三、文法

关于形容动词

　　第3课我们学习了形容词,本课学习的是形容动词。与形容词的情况一样,根据形容动词词尾变化(活用)的特点,也把它称为"ナ形容詞"。与形容词不同的是,从形容动词的基本形上看不到这一特点,只有在它作定语时才能体现出来。在今后的学习中我们会碰到。

## 補足練習

### 一、反复练习下列发音。

びよういん──びょういん　　　ひやく──ひゃく

ビル──ビール　　　　　　　　かこ──かこう

さか──さっか　　　　　　　　いけん──いっけん

せんえん──せんねん　　　　　きんえん──きんねん


フィリピン　　　　ニューヨーク　　　スウェーデン

シンガーポール　　オーストリア　　　バングラデシュ


### 二、按照发音要求,熟读 1—4 课课文。


### 三、完成下列对话。

（1）わたし：田中せんせい、＿＿＿＿＿＿＿＿＿＿。おげんきですか。

　　先　生：＿＿＿＿＿＿＿＿＿＿＿＿＿＿。

（2）先　生：李さん、＿＿＿＿＿＿＿＿＿＿＿＿。げんきですか。

　　李さん：＿＿＿＿＿＿＿＿＿＿＿＿＿。

（3）友　達：王さんは　スポーツが　すきですか。

　　王さん：はい、＿＿＿＿＿＿＿＿＿＿。とくに＿＿＿＿＿＿＿。

（4）王さん：李さんは＿＿＿＿＿＿＿＿＿＿＿＿＿＿。

　　わたし：はい、＿＿＿＿＿＿＿＿＿。しかし、＿＿＿＿＿＿＿＿＿。


### 四、下列情况应该怎么说?

（1）时隔一段重又见面时：＿＿＿＿＿＿＿＿。

（2）对对方的情况感到欣慰时：＿＿＿＿＿＿＿。

（3）询问对方身体状况时：＿＿＿＿＿＿＿＿。

（4）表示喜欢体育运动时：＿＿＿＿＿＿＿。

（5）评价对方乒乓球打得好时：＿＿＿＿＿＿＿。

（6）告诉对方自己擅长打网球时：＿＿＿＿＿＿＿。

五、从下面的形容动词中找出适当的词填在下划线上。
　　①きんべん　　②だいすき　　③じょうず　　④へた
　　⑤とくい　　　⑥げんき　　　⑦しずか
（1）李さんは　たっきゅうが＿＿＿＿＿＿です。
（2）ちゅうごくじんは＿＿＿＿＿＿です。
（3）せんせいは＿＿＿＿＿＿です。
（4）わたしは　テニスが　すきです。しかし、＿＿＿＿＿＿です。
（5）田中さんは　りょうりが＿＿＿＿＿＿です。
（6）きょうしつは＿＿＿＿＿＿です。
（7）わたしは　バレーボールが＿＿＿＿＿＿です。

---

○チャレンジ・コーナー
　　1. 你能用学过的形容词和形容动词描述你的教室或房间吗？
　　2. 你能用学过的形容词和形容动词描述你或你的同学的爱
　　　好吗？

---

## 答　案

1. 课文译文
第4课　您身体好吗？

课文
　　（1）
好久不见了。
您身体好吗？
托您的福，我很好。
大家都好吗？
都很好。

那太好了。

（2）

小王是学生。

非常喜欢运动。

尤其网球打得好。

乒乓球也打得不错。

我也很喜欢网球。

但是，打得不好。（我）擅长打排球。

2. 补充练习答案

三、（1）おひさしぶりです；はい、げんきです

（2）ひさしぶりです；はい、おかげさまで、げんきです

（3）だいすきです；たっきゅうが　すきです

（4）テニスが　すきですか；すきです；へたです

四、（1）（お）ひさしぶりです。

（2）それはなによりです。

（3）おげんきですか。

（4）（わたしは）スポーツが　だいすきです。

（5）たっきゅうが　じょうずです。

（6）わたしは　テニスが　とくいです。

五、（1）③　（2）①　（3）⑥　（4）④　（5）⑤　（6）⑦　（7）②

チャレンジ・コーナー（参考）

1. わたしの　へやは　せまいです。しかし、あかるいです。しずかです。わたし
　は　このへやが　だいすきです。

2. 李さんは　スポーツが　とくいです。とくに　テニスが　じょうずです。
　たっきゅうも　じょうずです。

# 第5課

## がくせいが　います

この課のポイント

音声

　　1. 日语的声调

　　2. 元音弱化

コミュニケーション機能

　　1. 寒暄语

　　2. 告别

　　3. 存在

　　4. 变化

　　5. 移动

　　6. 位置

文法

　　1. 存在句

　　2. 格助词:"に" ②③

　　3. 指示代词:"ここ、そこ、あそこ、どこ"

## 補足説明

一、音声

**日语的声调**

　　声调是区别意义的因素之一。当然,很多时候虽然声调有误,因为有情景的支持,不会引起误会。但是,当我们与人进行语言交流的时候,能够准确、易懂地传达自己的意思

不是更好吗？比如：

はし①（筷子）があります。　　　はし②（桥）があります。

はし⓪（边儿）をあるきます。

ことしのなつはあつい②（炎热）。　　　このじしょはあつい⓪（厚）。

このコーヒーはあつい②（热、烫）。

如上所示，记住正确的声调是很重要的。还需要强调的是，声调不仅只针对词在无变化时而言，当形容词、动词等的形式发生变化时，它们还会根据变化的规则而变化。这些会在以后的学习中不断遇到。

这里想特别提醒大家的是复合名词的声调。如：

けいたい⓪＋でんわ⓪　→　けいたいでんわ⑤（手机）

ペキン①＋だいがく⓪　→　ペキンだいがく④（北京大学）

しゃかい①＋ちょうさ①　→　しゃかいちょうさ④（社会调查）

复合名词的声调一般是高到倒数第二个汉字的第一个假名。


二、コミュニケーション機能

关于"さようなら"

我们课文中出现的用法是在教室里下课老师与学生分手时出现的。这当然也是"さようなら"的用法之一。但是，现在学校里这种用法已经不多见。取而代之的是，中小学多以起立行礼结束每一节课；大学没有特别的形式，多以老师的"これでおわります"来表示课时的结束。

由此可以看出，"さようなら"更多地用于暂时不马上见面，而且关系又不十分密切的人分手的时候。


## 補足練習

一、按所标的声调朗读下列句子。

（1）わたしは　がくせいです。

（2）まいあさ　コーヒーを　のみます。

（3）なつやすみの　りょこうは　たのしいです。

（4）となりの　きょうしつに　がくせいが　います。

二、听课文录音,标出课文②的声调。

三、完成下列句子。
(1)8時_____。こうぎの　じかんに_____。せんせいが___
_____。

(2)せんせい:みなさん、_____。
　　がくせい:_____。

(3)きょうしつに　つくえと　いすが　たくさん_____。つくえの
_____に　にほんごの　ほんが_____。じしょ_____
_____。おとこの　がくせいと　おんなの　がくせいが_____。

四、下列情况应该怎么说?
(1)早上见到同学时:_____。
(2)到了该吃饭的时间时:_____。
(3)和客人分手时:_____。

五、在下面句子中的下线上填入适当的助词。
(1)わたし_____だいがくせいです。おとな_____なりました。
(2)きょうしつ_____がくせい_____います。せんせい_____いら
　　っしゃいます。
(3)つくえの　うえ_____じしょ_____あります。
　　じしょ_____した_____ノート_____あります。
(4)ここ_____わたし_____うちです。おきゃくさん_____いらっ
　　しゃいました。

┌─────────────────────────────────┐
│ ○チャレンジ・コーナー                        │
│ 　　画一张你学校和学校周围的草图,并用存在句向大家介绍 │
│ 所画的情况。                                  │
└─────────────────────────────────┘

# 答 案

## 1. 课文译文

第 5 课 （教室里）有学生

课文

（1）

这里是教室。

是我们的教室。

（教室里）有学生。

有男学生。

也有女学生。

大家都是同班同学。

老师来了。

同学们,早上好!

老师,早上好!

（2）

这里是我们的教室。

教室里有黑板。

也有桌子。

也有很多椅子。

桌子上有书。

教室里有学生。

也有老师。

到时间了。

同学们,再见!

老师,再见!

## 2. 补充练习答案

二、ここは わたしたちの きょうしつです。

きょうしつに こくばんが あります。

つくえも あります。

いすも たくさん あります。

つくえの うえに ほんが あります。

きょうしつに がくせいが います。

せんせいも いらっしゃいます。

じかんに なりました。

みなさん、さようなら。

せんせい、さようなら。

三、（1）です；なりました；いらっしゃいました

　　（2）おはよう；おはようございます

　　（3）あります；うえ；あります；もあります；います

四、（1）おはよう。

　　（2）しょくじの　じかんに　なりました。

　　（3）さようなら。

五、（1）は；に　（2）に；が；も　（3）に；が；の；に；が　（4）は；の；が

# 第6課

## あいさつ

---

**この課のポイント**

一、コミュニケーション機能

   1. 自我介绍

   2. 寒暄语

   3. 应答

   4. 推测

   5. 告别

   6. 时序

二、文法

   1. 格助词:"と" ①

   2. 指示代名词:"こちら、そちら、あちら、どちら"

   3. 感叹词:"やあ"

---

## 補足説明

一、コミュニケーション機能

1. 自我介绍

   初次见面时,要向对方做自我介绍。为便于记忆,一般只报自己的姓,不必说出名字。如:"始めまして、張です。"有必要时,在自己的姓名前冠上所属。如:"東西大学の山田です。"

   "○○ともうします"是"○○といいます"的自谦语。

   "どうぞよろしく"用于请对方给予关照时。一般用于与自己地位和年龄相仿的人,

对于年长或地位等高于自己的人多用"(どうぞ)よろしくおねがいします。"

"こちらこそ"的"こちら"原意是"这儿"、"这里",这里指说话人自己。"こそ"表示强调,相当于汉语的"才"、"正是"等意。整个句子的意思为"我才应该请您关照。"

2. "おひさしぶりですね"和"しばらくですね"

对经常见面的人或较短时间内没有见面的人,一般不用这种寒暄语。"ひさしぶり"和"しばらく"的意思基本相同,它们不仅用于寒暄,也用于对寒暄的应答。如:

王　　:やあ、田中さん、お久しぶり。

田中:本当に　久しぶりね。元気?

3. "失礼いたします"和"さようなら"

二者均为告别时的寒暄语。"失礼いたします"的语气较客气,在与比自己年长、社会地位高或不熟悉的人分手时使用。"さようなら"一般用于朋友或晚辈,但对自己的家人或亲朋好友一般不用。打电话时也不太使用"さようなら",而更多使用"失礼いたします"。

"失礼いたします"除了用于分手时,还用于表示对对方的失礼。如:从对方前面通过,或要在对方面前宽衣等。这种情况表示的是"对不起"的意思。

4. 常用的中国人姓氏和日本人姓氏的读法

張(ちょう) 王(おう) 李(り) 趙(ちょう) 劉(りゅう)

陳(ちん) 周(しゅう) 林(りん) 肖(しょう) 呉(ご)

田(でん) 孫(そん) 楊(よう) 梁(りょう) 蘇(そ)

鈴木(すずき) 田中(たなか) 佐藤(さとう) 高橋(たかはし)

小林(こばやし) 山田(やまだ) 伊藤(いとう) 吉田(よしだ)

渡辺(わたなべ) 加藤(かとう) 山本(やまもと) 中村(なかむら)


二、文法

1. 指示代名词:"こちら、そちら、あちら、どちら"

（1）这是一组表示方向或场所的指示代名词,根据其用法可分为近称、中称、远称和不定称四种。所谓"近称、中称、远称"是指谈话双方与所指物体之间的相对距离。所指物体离说话人较近时用近称,所指物体离说话人较远而离听话人较近时用中称,所指物体离说话人和听话人都较远时用远称,表示疑问时用不定称。

（2）用作人称代名词,表示人物,其语气比较郑重。如:

こちらは　田中恵子さんです。（离说话人近）

山田さん、そちらは　王さんです。(离听话人近)

じゃ、またあとで　こちらから　お電話します。(指自己一方)

## 補足練習

一、完成下列对话。

(1) 李　　：はじめまして。＿＿＿＿＿＿ともうします。どうぞ＿＿＿＿＿＿。

　　渡辺：＿＿＿＿＿＿＿＿。わたし、＿＿＿＿＿＿。＿＿＿＿＿＿。

(2) 佐　藤：＿＿＿＿＿、わたし、＿＿＿＿の＿＿＿＿＿＿。どうぞ＿＿＿＿＿＿＿。

　　劉先生：＿＿＿＿＿＿、＿＿＿＿＿＿ です。どうぞ＿＿＿＿＿＿＿。

二、下列情况应该怎么说?

(1) 与朋友久别重逢时：＿＿＿＿＿＿＿＿＿＿＿＿。

(2) 表示托您的福,我在尽力干着时：＿＿＿＿＿＿＿＿＿＿。

(3) 推测今天好象很冷时：＿＿＿＿＿＿＿＿＿＿＿＿。

(4) 嘱咐对方走好时：＿＿＿＿＿＿＿＿＿＿＿。

(5) 告诉对方自己先走了时：＿＿＿＿＿＿＿＿＿＿＿＿＿。

三、完成下列句子。

(1) ＿＿＿＿＿＿＿＿＿＿＿＿＿＿＿＿＿ともうします。

(2) 田中さんは＿＿＿＿＿＿＿＿＿＿＿＿＿といいました。

(3) 山田さんは＿＿＿＿＿＿＿＿＿＿＿＿＿とこたえました。

(4) 張さんは＿＿＿＿＿＿＿＿＿＿＿＿＿とききました。

四、连线完成下列句子。

(1) キャンパスは　　　　　　A．おいしそうです。

(2) 大学生活は　　　　　　　B．よさそうです。

(3) 日本料理は　　　　　　　C．たかそうです。

(4) 日本語は　　　　　　　　D．いそがしそうです。

(5) 今日の天気は　　　　　　E．ひろそうです。

（6）富士山は　　　　　　F．なさそうです。

（7）田中先生は　　　　　G．むずかしそうです。

（8）バスは　もう　　　　H．たのしそうです。

○チャレンジ・コーナー

　参考会话2,按照下列要求编一段小对话。

　A：你在校园里见到了许久未见的高中同学B,请你与B寒暄一下。

　（1）跟B打招呼。

　（2）询问一下B的近况,然后告别。

B：（1）跟A打招呼。

　（2）告诉A你的近况,并说一些客套话。

## 答　案

1.课文译文

第6课　寒暄

会话

　（1）

田中:初次见面。我是田中。请多关照。

山田:彼此彼此。我是东西大学的山田。请多关照。

张　:初次见面,我姓张。是中国留学生。今后也请多关照。

　（2）

山田:哎呀,好久不见了。

田中:真是好久不见。

山田:您身体好吗?

田中:谢谢。托您的福,很好。

山田:您(好像)很忙啊。

田中：托您的福，尽力干着呢。

山田：那太好了。您要出门吗？

田中：是的。我要出差。

山田：是吗。那就请您一路保重。

田中：好的。那，我就告辞了。

课文

　　田中、山田和小张第一次见面。三人做了自我介绍。田中说："初次见面，我叫田中，请多关照。"山田说："彼此彼此。我是东西大学的山田，请多关照。"小张说："初次见面，我姓张，是中国留学生，今后请多关照。"

　　田中和山田好久没见面了。山田说："哎呀，好久没见了，你好吗？"田中回答说："谢谢。托你的福，很好。"山田对田中说："你好像很忙啊。"田中回答说："托你的福，尽力干着呢。"山田问："那太好了。您要出门吗？"田中回答说："是的。我要出差。"山田说："是吗。请您走好。"田中说："谢谢。那我就告辞了。"然后他们二人就分手了。

**2. 课后练习答案**

五、（1）① どれ　② どこ　③ どこ　④ どれ　⑤ どちら

　　　（2）① どちら　② こちら　③ どちら　④ そちら　⑤ そちら

**3. 补充练习答案**

一、（1）李　：李；よろしく

　　　　渡辺：こちらこそ；渡辺です；どうぞよろしく

　　（2）佐　藤：はじめまして；日本大学；佐藤ともうします；よろしくおねがいします

　　　　劉先生：こちらこそ；劉；よろしく

二、（1）おひさしぶりですね；ほんとうに　しばらくですね

　　（2）おかげさまで、なんとかやっています

　　（3）今日は　寒そうですね

　　（4）どうぞ　おきをつけて

　　（5）では、しつれいいたします

三、（1）はじめまして、張（田中）

　　（2）「やあ、おひさしぶりですね。おげんきですか。」

（3）「ありがとうございます。おかげさまで。」

（4）「おでかけですか。」

四、（1）E　（2）H　（3）A　（4）G　（5）B　（6）C　（7）D　（8）F

チャレンジ・コーナー（参考）

A：やあ、おひさしぶりですね。

B：ほんとうに　しばらくですね。

A：おげんきですか。

B：はい、おかげさまで。

A：いそがしそうですね。

B：はい、なんとか　やっています。

A：これから、どちらへ　いきますか。

B：ええ、ゆうびんきょくへ　いきます。

A：そうですか。

B：では、しつれいします。

## 第 7 課

あついですね

**補足説明**

一、コミュニケーション機能

"あたたかい" 和 "あたたか"

    本课在表示气候、气温的词汇里,出现了 "あたたかい" 和 "あたたか"。前者是形容词,后者是形容动词,都表示的是温暖、宜人的感觉。一般情况下可以互换使用,但 "あたたかい" 在口语中使用频率更高。

二、文法

**语气助词"よ"和"ね"**

　　本课我们学习了语气助词"よ",第4课学习了"ね"。这两个语气助词在日常生活中是使用频率最高的。"よ"主要是说话人用来表示自己的主张、叮嘱,以唤起对方的注意。所以,使用时应特别注意,避免给对方强加于人的感觉。特别是对长辈或地位、身份高于自己的人要尽量避免使用。"ね"主要是说话人用来表示自己轻微的感叹或征求对方的同意,给听话人比较柔和的感觉。因此,如以天气为话题表示寒暄时经常出现。但同样对地位高于自己的人应避免使用。例:

　　A:きょうは　あついですね。

　　B:そうですね。あついですね。

　　A是以自己的感叹希望引起对方的共鸣。B也正是从这一角度出发,予以应答。A和B以这种方式,使他们之间的对话成为一组氛围和谐的对话。

　　假如说话人A说的是"きょうは　あついですよ",那他的言外之意会是"最好不要出去"或"少穿一点儿衣服"等。那么,听话人B会以"はい、わかりました。(哦,知道了。)"来回应。两者就成了提醒与被提醒的关系,显然A的力量就显得强一些。

　　因此,在使用"よ"和"ね"时,要特别注意两者语气上的差别。


## 補足練習

一、完成下列句子。

（1）A:きょうは　さむいですね。

　　 B:ええ、＿＿＿＿＿＿＿＿＿＿＿＿＿＿＿。

（2）A:＿＿＿＿＿＿＿＿＿＿＿＿＿＿＿＿＿＿。

　　 B:ええ、きのうより　あたたかいですね。

（3）A:北京の　なつも　あついですね。

　　 B:ええ。でも、＿＿＿＿＿＿＿＿＿＿＿＿＿＿＿。

　　 A:だから、＿＿＿＿＿＿＿＿＿＿＿＿＿＿＿。

　　 B:そうですね。

（4）A:北京の　ふゆは　さむいでしょう。

　　 B:ええ。でも、＿＿＿＿＿＿＿＿＿＿＿＿＿＿＿。

A : そうですね。_____。

B : だから、_____。

二、在下面句子中的下线上填入适当的助词。

（1）北京の　はる_____あたたかいです。東京のはる_____あたたかいです。

（2）北京の　なつは　しっけ_____すくないです。東京_____むしあついです。

（3）北京の　あきは　くうき_____かんそうしています。

（4）北京の　ふゆは　東京____さむいです。でも、暖房____きいて、あたたかです。

三、把下列句子翻译成日语。

（1）东京的春天很暖和。秋天很凉爽。

（2）东京的夏天比北京闷热。

（3）北京的冬天比较冷，但房间里暖气好，很好过。

---

○チャレンジ・コーナー

　1.用学过的表示气候、气温的词，和你的同学编写一段小对话。

　2.用下列表达方式描述一下你家乡的气候。

　　①～は～より～

　　②～は～が

---

## 答案

1.课文译文

第7课　真热呀！

（1）

李　：东京真热呀！

山田：比北京热吗？

李　：是的，要比北京闷热啊。

山田：是呀。日本的湿气大啊。

李　：是的，北京比东京的湿气要小。

（2）

山田：北海道冷吧。

李　：是的。但北京也冷呀。

山田：不过，房间里暖和吧。

李　：是的，暖气好，所以很暖和。

山田：而且空气很干燥吧。

李　：是的。所以很好过。

课文

　　东京的春天很暖和。比北京要暖和。

　　东京的夏天很热。北京的夏天也很热。但是，北京比东京湿气要小。所以，很好过。

　　北京的秋天很凉爽。东京的秋天也很凉爽。秋天空气很干燥。所以，很好过。

　　冬天，北京要比东京寒冷。不过，房间里面暖气很好，很暖和。北京冬天也空气干燥。所以，很好过。

2. 补充练习答案

一、（1）さむいですね

　　（2）きょうは　あたたかいですね

　　（3）くうきが　かんそうしています；しのぎやすいですね

　　（4）へやの　なかは　あたたかいですよ；だんぼうが　きいて、あたたかですね；
　　　　しのぎやすいですね

二、（1）は；も　　（2）が；は　　（3）が　　（4）より；が

三、（1）東京の　はるは　あたたかいです。あきは　すずしいです。

　　（2）東京の　なつは　北京より　むしあついです。

　　（3）北京の　ふゆは　さむいです。でも、へやの　なかは　だんぼうが　きいて、
　　　　しのぎやすいです。

チャレンジ・コーナー（参考）

1. A：きょうは　あたたかいですね。

　　B：そうですね。あたたかいですね。

　　A：あなたの　ふるさとの　ふゆはさむいですか。

B：そうですね。ここより　ずっとさむいです。

A：そうですか。へやのなかも　さむいですか。

B：へやの　なかは　だんぼうが　きいて、あたたかいです。

A：じゃあ、しのぎやすいですね。

B：そうですね。

2. わたしの　ふるさとは　はるが　あたたかいです。でも、なつは　ここよりむしあついです。しっけも おおいです。あきは すずしいです。ふゆは　さむいです。

# 第8課

## プラットホームで

この課のポイント

コミュニケーション機能

1. 询问

2. 否定

3. 道谢与应答

4. 选择

5. 顺序

6. 距离

7. 交通

8. 量词(助数詞)

文法

1. 助动词:"で" ①

2. 连体词:"この、その、あの、どの"

3. 感叹词:"いいえ"

4. 断定助动词 "です" 的否定形式:"ではありません"

5. 助词的重叠:"には"

6. 助动词 "ます" 的否定形式:"ません"

7. 形容词连体形:"～い"

## 補足説明

コミュニケーション機能

1. "ちょっと　おたずねしますが"和"あの……"

　　"ちょっと　おたずねしますが"是一种自谦的表达形式,用于询问。表示说话人在提问之前招呼听话人,意为"喂,请问……"。"ちょっと"在此句中起到招呼对方的作用,而"おたずねしますが"表示说话人向听话人询问或打听之意。

　　"あの……"是感叹词,起到的是招呼对方、引起对方注意的作用。

2. "はい"和"いいえ"

　　第4课已出现了"はい"的用法,它是表示应答的感叹词,主要用于对问话的肯定回答。当对方提出疑问时,如果听话人表示同意或认同时,一定要先回答"はい",然后再继续下面的回答。"いいえ"用于对问话的否定回答,对问话的内容不同意或不予认同时,也要先回答"いいえ"后,再继续进行下面的说明或解释。例:

（1）A：王さんは　日本語学部の方ですか。

　　　B：はい、そうです。

（2）A：高橋さんは　東西大学の留学生ですか。

　　　B：はい、東西大学の留学生です。

（3）A：王さんですか。

　　　B：いいえ、李と申します。

（4）A：日本の方ですか。

　　　B：いいえ、日本人ではありません。韓国人です。

## 補足練習

一、完成下列会话。

（1）A：ちょっと　おたずねしますが……。

　　　B：はい、_____。

　　　A：日本語学部は　この建物でしょうか。

　　　B：はい、_____。

　　　A：_____。

　　　B：いいえ。

（2）A：_____、ちょっとうかがいますが。このバスは　北京駅に　行きますか。

　　　B：いいえ、このバスは_____。

A：＿＿＿＿＿＿＿＿＿＿＿。

B：このとなりの バスていの バスが いきます。

A：どうも ありがとうございました。

B：＿＿＿＿＿＿＿＿＿。


二、用"はい"或"いいえ"填空。

（1）李　：田中さんは　テニスが　とくいですか。

　　田中：（　　　　　）、とくいではありません。

（2）王：李さん、おでかけですか。

　　李：（　　　　　）、これから　しゅっちょうです。

（3）張：あした　周さんも　行きますか。

　　周：（　　　　　）、行きます。

（4）A：Bさんも　おかわりありませんか。

　　B：（　　　　　）、おかげさまで。

（5）客　：あの……、この電車は　京都ゆきでしょうか。

　　駅員：（　　　　　）、京都ゆきではありません。神戸ゆきです。

（6）A：この　腕時計　おすきですか。

　　B：（　　　　　）、すきではありません。


三、按照提示,翻译下列句子。(在学校里,新同学向老同学打听图书馆在何处时的对话)

新同学:喂,请问……。

老同学:你有什么事?

新同学:我想问一下图书馆是在这里吗?

老同学:不在这里,在那边。

新同学:谢谢!

老同学:不客气。

○チャレンジ・コーナー

　你能用下列其中的一种表示询问的表达方式,编写一段小对话吗?

　（1）あの……

　（2）ちょっと　おたずねしますが

　（3）ちょっと　うかがいますが

## 答　案

1. 课文译文

第 8 课　在站台上

会话

（1）

乘　客:劳驾,请问……

站务员:什么事儿?

乘　客:请问,这趟车是开往大阪的吗?

站务员:不是,不是去大阪的,是去名古屋的。

乘　客:去大阪的车也在这个站台吗?

站务员:不,开往大阪的"光"号列车在第 3 站台。

乘　客:"光"号列车在滨松停吗?

站务员:不停。"回声"号列车在滨松停。

乘　客:在滨松停的"回声"号列车在第几站台?

站务员:啊,"回声"号在第 2 站台停。

乘　客:是吗。谢谢了!

站务员:不客气。

（2）

乘　客:请问,新干线的车站是在这儿吗?

站务员：不在这儿。上楼梯后，在右边。

乘　客：请问，这趟车在滨松停吗？

站务员：不，这是开往大阪的"光"号列车。在名古屋和京都停。但在滨松不停。

乘　客：下趟列车（在滨松）停吗？

站务员：不停。下趟车是开往博多的"希望"号特快列车，在滨松不停车。

乘　客：哪趟车在滨松停车呢？

站务员："希望"号后面的到名古屋的"回声"号列车在滨松停车。

乘　客：是吗。谢谢您啦。

站务员：不客气。


课文

　　这里是第2站台。列车进站了。这是由10节车厢组成的一趟长长的列车。这趟列车是去博多的"希望"号特快列车。不是去大阪的列车。"希望"号列车停在这个站台。但"光"号和"回声"号列车不停在这个站台，停在第3站台。

　　这里是第3站台。这趟列车是去大阪的"光"号列车。滨松站不停车。下趟去广岛的"光"号列车在名古屋和京都停车。但在滨松不停车。下一趟列车在滨松停，它是到名古屋的"回声"号列车。

　　"希望"号是最快的。"光"号比"回声"号快。"回声"号是最慢的。


2．练习答案

七、（1）どの　（2）どこ　（3）どちら　（4）どれ　（5）どの

九、（1）北京ゆきの　れっしゃは　2番ホームに　はいりました。

　　（2）この　れっしゃは　とっきゅうです。天津には　とまりません。

　　（3）つぎの　れっしゃは　天津に　とまりますか。

　　（4）東京は　北京より　むしあついです。

　　（5）どちらが　りゅうがくせいの　教室ですか。

　　（6）そとは　さむいです。しかし、へやのなかは　だんぼうが　きいて　あたたかです。


3．补充练习答案

一、（1）B：なんでしょうか

　　　　B：そうです

　　　　Ａ：ありがとうございました

（２）Ａ：あのう……

　　　　Ｂ：北京駅に　いきません

　　　　Ａ：どのバスが　北京駅に　いきますか

　　　　Ｂ：どういたしまして

二、（1）いいえ　（2）はい　（3）はい　（4）はい　（5）いいえ　（6）いいえ

三、新入生：ちょっと　おたずねしますが……。

　　先　輩：はい、なんですか。

　　新入生：図書館は　こちらでしょうか。

　　先　輩：いいえ、こちらではありません。図書館は　あちらに　あります。

　　新入生：どうも、ありがとうございました。

　　先　輩：いや、どうも。


チャレンジ・コーナー（参考）

客　：あの……、ちょっと　うかがいますが、上海ゆきの　でんしゃは、このホームで
　　　しょうか。

駅員：いいえ、こちらではありません。右側の　ホームです。


客　：ちょっと　おたずねしますが……。

駅員：はい、なんでしょうか。

客　：このれっしゃは　上海ゆきでしょうか。

駅員：いいえ、南京ゆきです。

客　：つぎの列車は　上海ゆきですか。

駅員：はい、そうです。

客　：どうも、ありがとうございました。

駅員：いいえ、どういたしまして。

## 第 9 課
## びょうき

この課のポイント

コミュニケーション機能

1. 询问

2. 希望、要求

3. 推测

4. 不安和安慰

5. 遗憾、同情

6. 认可

7. 意志和劝诱

8. 疾病

9. 量词（助数词）

文法

1. 格助词 "から" ①

2. 动词的词尾变化、动词连用形①及其音便

3. 形容词连用形 "～く"

4. 格助词 "に" ④

5. 格助词 "で" ①

6. "～のです" 的用法

7. 格助词 "へ" ①

8. 形容动词连用形 "～に"

## 補足説明

一、コミュニケーション機能

1．"たぶん～でしょう"

　　教科书中所注释的"たぶん～でしょう"是表示推测之意。除此之外,为了避免直接断定,也可用此表达委婉的断定。例:

　　（1）患者:せんせい　どうでしょうか。

　　　　　医者:たぶん　風邪でしょう。

　　（2）乗客甲:つぎの電車は　この駅に　とまるでしょうか。

　　　　　乗客乙:たぶん　とまるでしょう。

2．"みてみましょう"和"みましょう"

　　这两句中的"ましょう"均表示意志或劝诱。它们的不同之处是"みてみましょう"表示试着进行某个动作或行为,语气比较委婉。而"みましょう"表示个人意志时,意为"我要看",表示劝诱时,意为"我们一起看吧",没有"试着做"的意思。


二、文法

1．动词的分类

　　从本课开始,我们逐步学习动词的词尾变化。教科书的文法（2）中讲到:从动词的形态及其词尾的变化规律来看,日语动词分为五段活用动词、一段活用动词、力变活用动词和サ变活用动词。近年来,随着日语教学的不断改进,在对动词分类的名称上有所变化,为了不给学习者造成不便,我们在此作一简单介绍。

　　日语的动词根据活用方式的不同,可以分为规则和不规则变化两大类。规则变化动词又可分成两类,我们讲的五段活用动词又叫"Ⅰ类动词",一段活用动词又叫"Ⅱ类动词",不规则变化动词,即力变活用动词和サ变活用动词又叫"Ⅲ类动词"。

2．格助词"で"和"に"

　　"で"和"に"在表示"场所"或"位置"时,容易混淆。第5课中出现的"に"是表示存在的场所和位置,本课中又出现了表示动作进行的场所的"で",二者的使用译成中文时,都表示"在"的意思,但请大家注意教科书中P.108的例句:"受けつけで　カルテを受け取りました。"这是说"受け取りました"这个动作是在"受けつけ"进行或发生的。

"で"表示的是动作进行或发生的场所,是有动感的。而"に"是表示存在的场所,如第5课P.58的例句:"きょうしつに　こくばんが　あります"和"きょうしつに　がくせいが　います。"这二句中的"に"表示的是人或物存在的场所,是静止的。

3. "～のです"的用法

（1）用于说话人向听话人说明自己言行的理由,以及就对方的问话给予说明。在口语中,常用"～んです（んだ）"。例:

① 今日は　休みました。風邪　を引いたんです。（自己言行的理由）

② 記者:休みの日は　何時ごろに　起きるんですか。

　　　王　:休みの日は　いつも　早いんです。5時です。（就对方的问话给予说明）

　　　記者:5時? 早いんですね。何をするんですか。

　　　王　:ゴルフです。

例①的后半部分是说明"休息"的理由。例②是对早起床的理由作了补充。

（2）经常用于说明说话人自己目前的状况。例:

これから　出張するんです。→现在就出差。

（3）加强肯定和说明的语气。例:

日本語は　ほんとうに　むずかしいんです。→日语真难。

4. 格助词"へ"和"に"

"に"表示动作、作用的归着点,第2课已有注释,请看教科书的P.21。本课中的"へ"的用法,主要强调动作或行为的移动方向,一般后续表示移动的动词,此用法也可以与"に"互换使用。例:

① かいしゃへ行きました。→かいしゃに行きました。

② 日本へ来ました。→日本に来ました。

③ うちへ帰りました。→うちに帰りました。

## 補足練習

一、下列情况应该怎么说?

（1）询问对方哪儿不舒服时:＿＿＿＿＿＿＿＿＿＿＿＿。

（2）请对方坐下时:＿＿＿＿＿＿＿＿＿＿＿＿。

（3）推测可能是感冒时:＿＿＿＿＿＿＿＿＿＿＿＿。

（4）安慰对方不用担心时：＿＿＿＿＿＿＿＿＿＿。

（5）告诉对方请多保重时：＿＿＿＿＿＿＿＿＿＿。

（6）事情结束了，告诉对方可以了：＿＿＿＿＿＿＿＿。

二、照例句填空

例：わたしは（　図書館で　）本を読みました。

（1）学生たちは（　　　　　　）テニスをしました。

（2）わたしたちは（　　　　　　）ビールを飲みました。

（3）一年生は（　　　　　　）日本語を勉強しています。

（4）わたしは（　　　　　　）友だちに会いました。

（5）妹は（　　　　　　）本を買いました。

（6）李さんは（　　　　　　）映画を見ました。

（7）王さんは（　　　　　　）パンを食べました。

（8）わたしたちは（　　　　　　）こうぎを聞きました。

（9）おとうとは（　　　　　　）雑誌を読んでいます。

（10）子供たちは（　　　　　　）泳ぎました。

三、用"のです（んです）"翻译下列句子

（1）A: 小李有时说上海话，以前住过上海吗？

　　　B: 是的。在上海住到 15 岁。

（2）A: 你每天早上看报吗？

　　　B: 不看。没有时间。

（3）A: 怎么啦？

　　　B: 有点头痛。

（4）A: 为什么星期天还去公司？

　　　B: 有工作。

（5）A: 为什么迟到了？

　　　B: 没有公共汽车。

○チャレンジ・コーナー

与你的同学模仿一段在医院看病的全过程。要求如下：

① 医生问病情。

② 病人向医生说明症状。

③ 医生仔细检查,并提出诊断结果。

④ 病人表示谢意。

## 答 案

### 1. 课文译文

第9课　生病

**会话**

（1）

医生:请坐。哪儿不舒服(怎么了)？

患者:头疼。

医生:从什么时候开始的?

患者:从昨晚开始的。

医生:发烧吗?

患者:是的,38度2。

医生:咳嗽吗?

患者:不咳嗽。不过,嗓子疼。

医生:那可不好。

（2）

医生:我来看看吧。请张开嘴。请把上衣脱掉。请大口吸气。

　　　请转过身去。可以了。请把上衣穿上吧。

患者:大夫,什么病(有事吗)？

医生:恐怕是感冒吧。不用担心。

患者:是吗。

医生:给你开点药。请饭后服用。

患者:知道了。谢谢!

医生:请多保重。

## 课文

　　田中从昨晚开始头疼。发烧38度2。不咳嗽,但嗓子疼。

　　田中去了医院。在挂号处取了病历,然后坐在医生面前的椅子上。医生向他询问了各种症状。田中张开嘴,医生检查了他的喉咙。

　　田中脱了上衣。并大口吸气。然后背朝医生。医生认真地检查了田中的身体。

　　田中穿上了上衣。医生说:"是感冒吧。不用担心。"并且给田中开了药。还嘱咐他:"请饭后服用。"

　　田中向医生表示了谢意。医生也对田中说:"请多保重"。

## 2. 练习答案

三、

| | | | |
|---|---|---|---|
| | きき | きいて | きてください |
| | むき | むいて | むいてください |
| | あるき | あるいて | あるいてください |
| | およぎ | およいで | およいでください |
| | ぬぎ | ぬいで | ぬいでください |
| | かい | | かってください |
| | かえり | かえって | かえってください |
| | のり | のって | のってください |
| | より | よって | よってください |
| | いい | いって | いってください |
| | すいこみ | | すいこんでください |
| | のみ | のんで | のんでください |
| | よみ | よんで | よんでください |
| | はなし | | はなしてください |
| | いき | | いってください |
| | おき | | おきてください |
| | あけ | | あけてください |

| | し | | してください |
|---|---|---|---|
| | き | | きてください |

六、（1）より；が　（2）が；から　（3）で；を　（4）が；に　（5）の；は　（6）は；へ
　　（7）は；に；を　（8）を　（9）は；に　（10）は；に；と；を

七、（1）王さんは　きのうから　おなかが　いたいです。しかし、ねつは　ありません。
　　（2）おいしゃさんは　王さんの　からだを　ていねいに　しんさつしました。
　　（3）ねつを　はかってみてください。
　　（4）けっこうです。うわぎを　きてください。
　　（5）しんぱい　いりませんよ。たぶん　ちょうカタルでしょう。
　　（6）このくすりは　しょくごに　のんでください。（しょくごに　このくすりを
　　　　のんでください。）

**3. 补充练习答案**

一、（1）どう　なさいましたか
　　（2）どうぞ　おかけください
　　（3）たぶん　かぜでしょう
　　（4）しんぱい　いりませんよ
　　（5）おだいじに
　　（6）はい、けっこうです

二、（1）運動場で　　（2）家で　　　（3）教室で　　（4）駅で　　　（5）本屋で
　　（6）映画館で　　（7）食堂で　　（8）教室で　　（9）部屋で　　（10）プールで

三、（1）A：李さんは　時々　上海語を　使いますね。上海に　住んでいたんですか。
　　　　B：ええ、15歳まで　上海に　住んでいました。
　　（2）A：毎朝　新聞を　読みますか。
　　　　B：いいえ、時間が　ないのです。
　　（3）A：どうなさいましたか。
　　　　B：ちょっと　頭が　痛いんです。
　　（4）A：どうして　日曜日も　会社へ　行きましたか。
　　　　B：仕事が　あるんです。
　　（5）A：どうして　遅れましたか。

B：バスが　ないんです。


チャレンジ・コーナー ( 参考 )

医者：どう　なさいましたか。

患者：昨晩から　のどが　痛くて、熱も　すこし あります。

医者：そうですか。ちょっと　口を　開けてください。

患者：せんせい、どうでしょうか。

医者：かぜですね。ゆっくり　休んでください。

患者：あのう、あしたから　京都へ　出張するのですが。

医者：では、薬を飲んで、今晩　早く　寝てください。

患者：はい、わかりました。

医者：では、お大事に。

患者：どうも　ありがとうございました。

# 第 10 課

## 待ち合わせ

この課のポイント

コミュニケーション機能

　1. 打电话

　2. 请求

　3. 提议和应答

　4. 开场白

　5. 道歉

　6. 拥挤

　7. 方法

　8. 同时

　9. 意志、打算

　10. 告别

　11. 原因、理由

　12. 动作的顺序

　13. 量

　14. 时间

文法

　1. 表示存在的动词: "おります"

　2. 接续助词: "が" ①

　3. 感叹词: "いや(いやあ)"

　4. 副助词: "か"

　5. 格助词: "で" ②

　6. 敬语表达方式: "お～になる"、"お～ください"

　7. 副助词: "ほど" ①

　8. 提示助词: "でも" ①

　9. 接续助词: "ながら" ①

　10. 助动词: "～ましょう"

　11. 格助词: "に" ④⑤

## 補足説明

一、コミュニケーション機能

**电话用语的使用**

（1）"もしもし"

感叹词。常用于打电话或提醒对方注意。例：

① もしもし、高山と　申しますが、……。（打电话时的用语）

② もしもし、本が　落ちましたよ。（提醒对方）

（2）"〜と申しますが"

自报姓名时使用。句中的"が"是接续助词，起着连接上下文的作用。它接在前一分句的末尾，为后一分句提供一个前提，使后一分句得以不间断地展开下去。例：

すみませんが　もうすこし　ゆっくり　話してください。

（3）"〜さん（先生）は　ご在宅でしょうか。"

用于询问要找的人是否在家。

（4）"はい、（山田）です。"

接电话时，首先告诉对方接电话的人是谁。

（5）"はい、（お電話）かわりました。"

这是一个习惯表达方式。当接电话的人换了时，一般会先说这句话。意思是："喂，接电话的人换了"，然后向对方通报自己的姓名。

二、文法

1. 感叹词"いや"

与"いいえ"意思相同。语气较为随便些。一般为男性用语，口语中较为常见。例：

① 学生：先生は　こちらへは　お一人で　いらっしゃったんですか。

　　先生：いや、家族と一緒です。

② 王　：日本でも　ベッドを　使っていたんですか。

　　田中：いや、畳の　上に　布団を　敷いて　寝ていました。

另外，"いや"除了表示否定意义外，还可以表示感叹的语气。例：

① いや、たいへんだ。→哎呀，可不得了。

②いや、すばらしい 風景だ。→哎哟,风景真好啊!

2.“では、そのとき また”

“そのとき”的使用一般是有前提的。指前边已提到或约定好的时间。例:

A:4月の シンポジウムに 参加いたします。

B:そうですか。では そのとき また。

A:はい。よろしくお願いします。

3.“だから”

日语中表示原因和理由的接续词、接续助词很多。本课出现的“だから”为接续词,表示主观地提出原因、理由加以叙述。例:

①のどが 痛い。だから、何も 食べていません。

②昨日 退院しました。だから、いま 家に います。

③きょうは 父の 誕生日。だから、早く 帰ります。

## 補足練習

一、完成下列对话。

(1)張　:もしもし、張と申しますが、佐藤さんは＿＿＿＿＿＿。

　　家人:はい、＿＿＿＿＿。しょうしょう　お待ちください。

　　佐藤:＿＿＿＿＿＿＿。佐藤です。

(4)A:待ち合わせの　時間ですが、午後6時で　どうでしょう。

　　B:＿＿＿＿＿＿。場所は。

　　A:図書館の　前で＿＿＿＿＿＿。

　　B:では、そのとき　また。

二、下列情况应该怎么说?

(1)来晚了,表示道歉时:＿＿＿＿＿＿＿＿＿。

(2)表示我在图书馆前等你时:＿＿＿＿＿＿＿。

(3)表示一边喝茶一边聊天时:＿＿＿＿＿＿＿。

(4)表示决定考研究生时:＿＿＿＿＿＿＿。

三、完成下列句子。

（1）もしもし、李と申しますが_____。

（2）すみませんが_____。

（3）この花は　きれいですが_____。

（4）となりの部屋には、誰もいませんが_____。

（5）この間の話ですが_____。

（6）ちょっと　おうかがいしますが_____。


四、按照下列要求，邀请你的日本朋友来家做客。

李　：你是中国学生，主动邀请你的日本朋友到你家做客。

田中：你是日本人，接受朋友的邀请。

李　：问田中君这个周日是否有别的安排。

田中：回答没有特别的安排。

李　：邀请田中君来家里玩。

田中：回答愿意去。并问几点去。

李　：告诉田中几点都可以。

田中：回答下午2点或3点一定去拜访。

---

○チャレンジ・コーナー

　　请按下列内容给你的日本同学打电话。

　　A：中国留学生　刘　　B：日本学生　山田

　　1. 你给同学打电话，同学的母亲先出来接电话。

　　2. 自我介绍后，告诉对方你要找的人。

　　3. 山田出来接电话，并问你有什么事。

　　4. 你告诉他想借一下他的英语笔记本，并说明借用的原因。

　　5. 山田说没问题，上课时给你带去。

## 答 案

### 1. 课文译文
第 10 课　约会

**会话**

（1）

山田：喂,我是山田。田中先生在家吗?

家人：在家。请稍候一会儿。

田中：是我,我是田中。

山田：我是山田,咱们约会的地点在皇家饭店的前厅,您看怎么样?

田中：那么,几点钟?

山田：下午 3 点半,可以吗?

田中：行。那就到时候再见。

山田：我在前厅等您。


（2）

田中：对不起,我来晚了。

山田：没关系,路上很拥挤吧。

田中：是的。地铁还行,可是我等了好几辆公共汽车。

山田：是吧。我从车站坐出租车来的。

田中：让您久等了。实在对不起。

山田：没关系。只等了五分钟左右。

田中：我们到那里边喝咖啡边聊吧。

山田：是吗。好吧。


**课文**

　　山田给田中打电话。田中的家人接电话。田中在家。山田和田中商量了约会的地点。地点定于皇家饭店的前厅。约会的日期和时间也商量好了。日期是 10 月 3 日,时间是 3

点半。

当天田中坐了地铁。下了地铁后换乘公共汽车去了皇家饭店。他等了好几辆公共汽车，因此晚到了一会儿。

山田从车站坐出租车来。所以比田中早到皇家饭店。山田等了田中 5 分钟左右。两人一边喝咖啡一边谈。

**2. 练习答案**

二、ざいたく　ばしょ　じかん　ごご　ちかてつ　えき　はな　でんわ　いえ,ひと
　　そうだん　なんだい　のむ　さんじはん　よじじっぷん／よじじゅっぷん
　　くじさんじゅうろっぷん　いちがつついたち　にがつふつか　さんがつみっか
　　しがつむいか　ごがついつか　ろくがつようか　しちがつなのか
　　はちがつここのか　くがつとおか　じゅうがつじゅうよっか
　　じゅういちがつはつか　じゅうにがつにじゅうよっか

三、(1)

| | | |
|---|---|---|
| | あるき | あるきながら |
| | はなし | はなしながら |
| | あそび | あそびながら |
| | きき | ききながら |
| | かき | かきながら |
| | ぬぎ | ぬぎながら |
| | いい | いいながら |
| | よみ | よみながら |
| | おき | おきながら |
| | たべ | たべながら |
| | | しながら |

(2)

| | | |
|---|---|---|
| | のります | のりましょう |
| | まちます | まちましょう |
| | ききます | ききましょう |
| | かえります | かえりましょう |
| | おきます | おきましょう |
| | はいります | はいりましょう |
| | きめます | きめましょう |

| | たべます | たべましょう |
|---|---|---|
| | でます | でましょう |
| | きます | きましょう |
| | します | しましょう |

| | | いそがしく | いそがしくなりました |
|---|---|---|---|
| （3） | | あたたかく | あたたかくなりました |
| | | おもしろく | おもしろくなりました |
| | | あかるく | あかるくなりました |
| | | やさしく | やさしくなりました |
| | | ちいさく | ちいさくなりました |
| | | おおきく | おおきくなりました |
| | | すずしく | すずしくなりました |
| | | あつく | あつくなりました |
| | | さむく | さむくなりました |

六、（1）に；を （2）に；の；を （3）の；に （4）から；で（5）より；ほど （6）を；ながら；に

七、（1）山田さんと　田中さんは　待ち合わせの　場所と　時間を　相談しました。

（2）あすの　午前10時、和平ホテルの　ロビーで　会うことにしました。

（3）山田さんは　駅から　タクシーで　行きました。

（4）山田さんは　田中さんより　10分ほど　はやく　着きました。

（5）田中さんは　地下鉄を　降りてから　バスで　ホテルへ　行きました。

（6）田中さんは　バスを　何台か　待ちました。だから、遅くなりました。

## 3．补充练习答案

一、（1）張　：ご在宅でしょうか

　　　家人：おります

　　　佐藤：はい、かわりました

（2）B：いいでしょう

　　A：いかがでしょう

二、（1）どうも　おそくなりました

（2）図書館の　前で　お待ちしております

（3）お茶を　飲みながら、話を　します

（4）大学院生の　試験を　受けることにしました

三、（1）田中さんは　ご在宅でしょうか。

　（2）ちょっと　お待ちください。

　（3）何という名前でしょう。

　（4）あの声は　誰でしょう。

　（5）あれは　その後 どうなりましたか。

　（6）北京駅は　どちらでしょうか。

四、李　：田中さん、今度の日曜日　何か　予定が　ありますか。

　田中：いや、特に。

　李　：そうですか。家へ　遊びに　来ませんか。

　田中：ええ、いいですが、お邪魔じゃありませんか。

　李　：いいえ、みんな　歓迎しますよ。

　田中：ありがとうございます。何時頃　伺えばいいですか。

　李　：何時でもいいです。

　田中：そうですか。じゃあ、午後2時か　3時ごろで　どうですか。

　李　：はい、いいですよ。

　田中：じゃあ、そのとき、伺います。


チャレンジ・コーナー（参考）

A：もしもし、山田さんの　お宅でしょうか。

Bの母：はい。

A：留学生の　劉と申しますが、一郎さんは　ご在宅でしょうか。

Bの母：はい、おります。しょうしょう　お待ちください。

A：はい、お願いします。

B：もしもし、かわりました。山田ですが。

A：あっ、劉ですが、ちょっと　お願いが あって。

B：はい、何でしょうか。

A：山田さんの　英語の　ノートを　お借りしたいと 思います。

B：はい、いいですよ。

A：そうですか。よかった。実は　昨日　授業に　出られなかったんですから。

B：ああ、どうかしたんですか。

A：ええ、ちょっと　頭が　いたかったんです。

B：いまは　大丈夫ですか。

A：もう　大丈夫です。

B：じゃあ、あした　学校に　持って行きますから。

A：お願いします。

B：じゃあ、またあした。

# 第11課
## 食事

この課のポイント

コミュニケーション機能

1. 提议和应答

2. 味觉

3. 询问

4. 迎客和向导

5. 选择

6. 确认

7. 突然想起

8. 应答

9. 位置

文法

1. 人称代名词

2. 疑问词:"なに"

3. 并列助词:"に"

4. 形容动词连体形:"～な"

5. 接续助词:"て"①②

6. 助词搭配:"～も～も"

7. 动词终止形

## 補足説明

一、コミュニケーション機能

1. いらっしゃいませ

这是一句常用的迎宾语。在日本,无论是饭店、商店还是咖啡店,店员或店主见到客人进来,就要使用这句"欢迎光临"。

2. どうぞ　こちらへ

当店员确认来了几位客人后,引导客人就坐时,就会说"どうぞ　こちらへ",意为"请跟我来"或"里边请"。

3. "～にします"、"～をもらいましょう"、"～をください"、"～をお願いします"

以上四种表达方式均为客人点菜时的用语。当客人决定吃什么或要什么之后,就会用这几种不同表达方式,它们的意思均为"我要～"。例:

田中:てんぷらの　盛り合わせにします。→我要一份炸什锦拼盘。

山田:うなじゅうを　もらいましょう。→我要一份烤鳗鱼饭。

李　:ラーメンを　ください。→我要一碗拉面。

王　:チャーハンを　お願いします。→我要一份炒饭。


二、文法

**接续助词"て"**

接续助词"て"有多种用法,本课中出现了其中的两种用法。

(1)表示动作、行为的方式、方法。在句中做状语。例:

① 王さんは　バスに乗って　大学へ　行きます。

② 李さんは　いつも　大学へ　歩いて　行きます。

以上两句中的"行きます"的方式方法不同,①是"バスに乗って",②是"歩いて"。

(2)两个以上的动作连续发生时,按动作的先后顺序用接续助词"て"连接在一起。表示行为动作的先后顺序。例:

① かれは　ホテルを出て　近くの店で　昼食を　とりました。

② 私は　毎朝　6時半に　起きて　7時15分に　学校へ　行きます。

一、完成下列对话。

店員：_____。どうぞ こちらへ。_____。

客1：僕はうなじゅうに _____。

客2：わたしはてんぷらのもりあわせを_____。

店員：お飲み物はなにに_____。

客1：僕はビールを_____。

客2：わたしはコーラに_____。

店員：_____。しばらく お待ちください。

二、请辨别下列句中的“て（で）”是表示“方式、方法”还是“顺序”，把答案写在横线上。

（1）私は、旅行の時いつも地図を持って行きます。

（2）昼、一時間休んで午後五時まで勉強します。

（3）妹は去年中学校を出て高校に入りました。

（4）毎日タクシーに乗って帰ります。

（5）学校は八時に始まって午後四時に終わります。

（6）かれは笑って答えました。

（7）私はいつも寝て本を読みます。

（8）林さんはうなじゅうを注文してあかだしも二つたのみました。

（9）あたまを下げてたのみます。

（10）六時半に起きて散歩をしてそれから朝ごはんを食べます。

（11）日曜日、京都へ行って友達に会います。

（12）夜の時間を利用してアルバイトをします。

答え：A 表示行为动作的方式方法：_____

　　　　B 表示行为动作的顺序：_____

三、请按下列要求，编一段小对话。

　　A：小李　　　　　　B：小张

A：下课后约小张去吃饭。　　　　　　B：回答可以，然后问去哪儿吃。

A：问小张喜欢吃什么。　　　　　　　B：回答什么都喜欢吃。

A：向小张介绍一家物美价廉的餐馆。　B：回答那就去你说的那家餐馆吧。

---

○チャレンジ・コーナー

请你编一段请朋友吃饭的场面。要求如下：

1. 有问有答。

2. 挑选自己喜欢的食物。

3. 最后由你来点菜。

---

## 答　案

### 1. 课文译文
#### 第11课　吃饭

**会话**

（1）

林　：田中，还没吃饭吧。

田中：是的，没吃。

林　：那，我们找个地方一起吃吧。

田中：好啊。附近有好的餐馆吗？

林　：有。在那座大楼的地下有一家味道不错的餐馆。

田中：是吗。那咱们就去那儿吃吧。

（2）

店员：欢迎光临。请到这边。您要点儿什么？

林　：我来一个炸什锦拼盘。

田中：那，我要一份鳗鱼饭吧。

林　：一个炸什锦拼盘和一份鳗鱼饭,对吗？饮料喝点什么？

田中：来点儿啤酒吧。

林 ：好。再来杯果汁。

店员：啤酒和果汁，对吧。其他还要点什么？

田中：对了。再来两碗酱汤。

店员：明白了。请稍等一会儿。

课文

　　林先生和田中先生是同一公司的同事。时间已过中午 12 点。现在正是午休的时间。大家都利用这段时间去吃午饭。

　　林先生和田中先生都还没吃午饭。两个人决定一起去吃午饭。林先生说在附近的一座大楼地下有一家味道不错的餐馆。两个人决定去那里就餐。

　　他们走进那家餐馆。服务员请他们就坐。并问他们要点什么菜。林先生点了一份炸什锦拼盘。田中点了一份馒鱼饭。饮料要了啤酒。林先生还要了果汁。另外还要了两碗酱汤。他们边聊边等着饭菜。

## 2. 练习答案

一、かいしゃ　どうりょう　とけい　ひるやすみ　みせ　ちゅうしょく　ちか　あん
　　ない　ちゅうもん　のみもの　せき　りよう　りょうり　ちか　おな

二、食事　　場所　　相談　　電話　　駅　　時間　　午後

三、

| | | | |
|---|---|---|---|
| よむ | よみません | よみましょう | |
| のむ | のみます | | のみましょう |
| いく | いきます | いきません | |
| かえる | かえります | | かえりましょう |
| たのむ | | たのみません | たのみましょう |
| はなす | はなします | はなしません | |
| きめる | きめます | | きめましょう |
| みる | | みません | みましょう |
| する | | しません | しましょう |
| くる | きます | | きましょう |

七、（1）会社の　近くに　おいしい　店が　あります。

　　（2）かれらは　いっしょに　昼食を　とることにしました。

　　（3）うなじゅうを　二つ　お願いします。

（4）お飲物は　何に　しましょうか。ビールを　2本　ください。

（5）わたしは　王さんと　よく散歩しながら　会話の　練習を　します。

（6）学生は　夏休みを　利用して　アルバイトを　します。


### 3. 补充练习答案

一、店員：いらっしゃいませ；何に　いたしましょうか

　　客1：します

　　客2：お願いします（もらいます）

　　店員：いたしましょう

　　客1：もらいます

　　客2：します

　　店員：かしこまりました

二、A 表示行为动作的方式方法：（1）（4）（6）（7）（9）（12）

　　B 表示行为动作的顺序：（2）（3）（5）（8）（10）（11）

三、A：張さん、授業のあと　一緒に　食事を　しましょうか。

　　B：ええ、いいですよ。どこで？

　　A：張さんは　何が　すきですか。

　　B：何でも　たべますよ。

　　A：じゃ、安くて　いい店が　あります。そこへ　行きましょう。

　　B：ええ。じゃあ、そこへ　行くことにしましょう。


チャレンジ・コーナー（参考）

A：何を　たべましょうか。

B：そうですねえ。

A：ああ、メニューを　みてみましょう。

B：あっ、これ。チキン・ライスを　お願いします。

A：ぼくは　カレー・ライスを　もらいましょう。飲物は？

B：ビールをもらいます。

A：ぼくも　ビールに　します。（店員さんに）すみません。

店：はい、何に　いたしましょうか。

A：チキン・ライス一つと　カレー・ライス　一つ、それから　ビールを　二本　ください。

店：かしこまりました。しばらく　お待ちください。

# 第 12 課

## 授業

## 補足説明

一、コミュニケーション機能

### 1. 关于"いいところに気がつきましたね"

如教科书中所注释的"～に気がつく"表示"觉察到……"、"发现……"等意思。"いいところ"是指发现的问题点,这里指的是很关键的地方。这句话出自老师之口,以句尾的"ね"所表示的轻微的感叹语气,感叹学生"发现了一个很好的问题",所以我们说它是称赞。比如"いい質問ですね"、"よく勉強していますね"等从语气上讲,都是以感叹对方行为的方式,达到称赞目的的。

### 2. 关于"はい、よく分かりました"和"はい、分かりました"

"よく分かりました"这句话是在听了对方的解释、说明之后说的话。语言的交流是在彼此的话语的来往中进行的。本课讲的是上课时的情景,当老师对问题做完解释后,需要得到学生是否明白的回馈。所以当老师问到:"皆さん、分かりましたか"时,如果的确明白了,一般就应该回答:"はい、よく分かりました",一是表示明白了,同时也表示对老师的轻微的谢意。

"分かりました"也用作对对方的应答,相当于"知道了"。这时对方所说的内容大多是叮嘱,没有很深的内容。例:

先生:このごろ、風邪が流行っていますから、気をつけてください。

学生:はい、分かりました。

二、文法

### 1. 关于"动词的持续体"

本课我们学习了"动词的持续体'～ている／ておる'",语法中讲到它表示的是动作的进行或状态的继续。请大家注意教科书中 P.154(1) 的例句,其中,"お待ちしております、やっています、読んでいます"表示的是动作正在进行当中;"流行っています、乾燥しています、出かけております"表示的是状态的持续。关于日语的动词有多种分类方法,在这里,我们可以把表示动作正在进行当中的动词叫作"継続動詞(持续动词)",如"読んでいます"说的是现在正在读书;把表示某种状态在持续的动词叫作"瞬間動詞(瞬间动词)",即事情本身可以在瞬间内完成,展现在我们面前的是完成后持续的状态,如:"彼女は結婚してい

ます"、"風邪が流行っています" 表示的是 "她已经结婚"、"流感已经开始,并正在持续"。

2．接续助词 "から" 和 "て"

　　日语中表示原因、理由的接续词和接续助词很多,这课出现了接续助词 "から" 和 "て"。"から" 主要表示说话人的主观判断,所以后项的句子大多是用来提醒对方注意,如:"～てください"。或是表示根据自己的判断所采取的行为,如:"遅くなりましたから、タクシーで来ました"。"て" 表示的多是客观原因,后项的句子一般是客观事实,如:"声が小さくて、よく聞き取れません"。

## 補足練習

一、分出下列句子中哪些动词表示的是正在进行,哪些动词表示的是状态的持续。

（1）彼は椅子に腰をかけています。

（2）あの二人は会話を練習しています。

（3）王さんは部屋を片付けています。

（4）李さんは今起きています。

（5）彼は先生の質問に答えています。

（6）馬さんは風邪を引いています。

（7）両親は北京に住んでいます。

（8）父は保険会社に勤めています。

（9）田中さんは電話をかけています。

（10）今、お客さんが来ています。

（11）母はテレビを見ています。

（12）佐藤さんとコーヒーを飲んでいます。

　A　表示动作正在进行:

　B　表示状态正在持续:

二、下面的情况应该怎么说?

（1）叙述听说小马感冒了: ＿＿＿＿＿＿＿。

（2）叙述北京和东京的气候不同: ＿＿＿＿＿＿＿。

（3）称赞他人发现了一个好问题: ＿＿＿＿＿＿＿。

（4）解释 "聞く" 是用耳朵听,"利く" 是起某种作用: ＿＿＿＿＿＿＿。

（5）告诉大家现在正在流行感冒，要多注意：_____。

（6）请对方大声读清楚：_____。

（7）告诉对方下周四是交作文的期限：_____。

三、按下列要求和你的同学编一段对话。

A 老师　　　　　　　B 学生

A 宣布开始上课，问大家是否到齐。　　　B 告诉老师小张还未到。

A 问小张未到的原因。　　　　　　　　　B 告诉老师小张因感冒在睡觉。

A 告诉大家目前正在流行流感，应多注意。　B 回答知道了，也希望老师多注意。

A 告诉大家今天继续 12 课的学习。　　　B 回答好的。

---

○チャレンジ・コーナー

　　你能编一段或和同学表演一段关于学习内容的对话吗？
请满足下列条件。
　　① 有提问与解答
　　② 要求对方大声说清楚
　　③ 留作业并规定提交时间

---

## 答　案

### 1. 课文译文
第 12 课　上课

会话

（1）
老师：时间到了，上课吧。现在我来点名。李勇！

李勇：到。

老师：赵英！

赵英：到。

老师：马丽华！

李勇：小马没来。听说她感冒了。

老师：是吗。最近感冒正在流行，大家也要多注意。下面，请大家翻到45页。小王，请你从第5行开始读。

小王：好的。（读）

老师：请再大点儿声音读清楚。好，就读到这儿。


（2）

小王：老师，我有个问题。

老师：什么问题？

小王：28页第24行的"取暖设备很好"中的"きく"与"听收音机"中的"きく"不一样吗？

老师：小王的问题提得很好。大家怎么看？知道的同学请举手。

小赵：我认为"听收音机"中的"きく"是用耳朵听，而"取暖设备很好"中的"きく"是事物充分发挥作用的意思。

老师：是的。如果用汉字写的话，是"聞く"和"利く"两个完全不同的单词。大家明白了吗？

学生：明白了。

老师：还有没有其他问题？

学生：没有了。

老师：那么，今天的课到此结束。作业是写作文。请大家在下周四之前交。

学生：明白了。起立！敬礼！


## 课文

现在是上午10点，是日语课的时间。老师点名。老师一个一个地叫着学生的名字。李勇和赵英都大声地答应，而马丽华没有回音。李勇说，小马感冒了。老师提醒大家说，最近正在流行感冒，请多注意。

老师说："下面开始上课。"大家打开了教科书。小王从45页的第5行开始读。声音小，听不清。老师提醒小王说，请再大点声音读清楚。

下面是提问时间。小王问28页第24行的"きく"和"听收音机"中的"きく"的区别。老师表扬他问题提得很好，并问大家这二者的区别。小赵回答说："听收音机"的"きく"是用耳朵听，而"取暖设备很好"中的"きく"是表示事物充分发挥作用的意思。老师告诉大家，用汉字写的话，分别是'聞く'和"利く"，是两个完全不同的单词。听了小赵的回答和老师的解释，大家都完全明白了。

上课结束了。作业是写作文,定于下周四之前交。今天是星期六,课上到11点50分。同学们起立,向老师敬礼。

## 2. 练习答案

一、じゅぎょう　かぜ　しつもん　かんじ　いみ　たんご　きりつ　こた　みみ
　　れい　にじゅうごだい　じゅうさんりょう　しがつようか　くがつここのか

二、出席　欠席　作用　宿題　作文　来週　返事　注意　説明

三、

| | | |
|---|---|---|
| | あるいた | あるきました |
| | きいた | ききました |
| | ひいた | ひきました |
| | よんだ | よみました |
| | こんだ | こみました |
| | よんだ | よびました |
| | わかった | わかりました |
| | もどった | もどりました |
| | おわった | おわりました |
| | もらった | もらいました |
| | はなした | はなしました |
| | だした | だしました |
| | おきた | おきました |
| | みた | みました |
| | はじめた | はじめました |
| | ほめた | ほめました |
| | あけた | あけました |
| | くれた | くれました |
| | かんがえた | かんがえました |
| | した | しました |
| | きた | きました |

六、(1)授業の時間になると、先生は一人一人学生の名を呼びます。
　　(2)馬さんは風邪を引いて、学校を休みました。
　　(3)立って先生の質問に答えてください。
　　(4)もっと大きな声で文章を読んでください。

（5）李さんの声が小さくて、よく聞き取れません。

（6）答えを黒板に書いてください。

（7）日本語の授業は8時から10時までです。

（8）宿題は来週の土曜日までに出すことになっています。

（9）先生、43ページの2行目の意味をもう一度説明してください。

（10）皆さん、分かりましたか。まだ分からない人、手をあげてください。

## 3. 补充练习答案

一、A 表示动作正在进行：（2）（3）（5）（9）（11）（12）

　　B 表示状态正在持续：（1）（4）（6）（7）（8）（10）

二、（1）馬さんは風邪を引いたそうです。

　　（2）北京の気温は東京のと違います。

　　（3）いいところに気がつきましたね。

　　（4）「聞く」は耳で聞くことで、「利く」はものごとがよく作用するという意味です。

　　（5）このごろ風邪が流行っていますから、皆さんも気をつけてください。

　　（6）もっと大きな声ではっきり読んでください。

　　（7）来週の木曜日までに作文を提出してください。

三、A：それでは、授業を始めます。みんな来ていますか。

　　B：張さんが来ていません。

　　A：どうしましたか。

　　B：張さんは風邪を引いて、寝ています。

　　A：このごろ風邪が流行っていますので、皆さんも気をつけてください。

　　B：はい、分かりました。先生もどうぞ気をつけてください。

　　A：では、12課の勉強を続けます。

　　B：はい。

## チャレンジ・コーナー（参考）

A：先生、質問があります。

B：はい、何でしょう。

A：この課で「から」と「て」を勉強しました。

B：もっと大きな声ではっきり言ってください。

A：はい。「から」の使い方は「て」と違いますか。

B：いいところに気がつきましたね。Cさん答えてください。

C：「から」は自分が考えた理由で、「て」は客観的な理由です。

B：分かりましたか。

A：はい、よく分かりました。

B：では、宿題です。「から」と「て」を使って文を作ってください。

A：分かりました。いつまでに出しますか。

B：今週の水曜日までに出してください。

A：はい。

# 第 13 課
## 先生訪問

この課のポイント

コミュニケーション機能

1. 询问
2. 暗示
3. 解释
4. 蹄躇
5. 确认
6. 寒暄语
7. 意志、打算
8. 感叹
9. 感谢和应答
10. 鼓励
11. 条件
12. 原因、理由
13. 时间
14. 量词

## 文法

1. 接续助词："が" ②
2. 格助词："で" ④⑤
3. 接续助词："たら"
4. 助动词："たい"
5. 自谦的表达方式："お～する"
6. 助动词 "ません" 的过去式："ませんでした"
7. 动词连用形②

## 補足説明

一、コミュニケーション機能

1．关于暗示

　　这是一种委婉的表达方式，本课用于拒绝对方的邀请或有求于对方，又不便直说等。在日常生活中经常会遇到这样的情景，对对方善意的邀请或请求，由于某种原因不能答应，但直接拒绝有可能伤害对方，这时就需要一种策略，做到既不伤害对方的面子，又能达到拒绝的目的，"暗示"可以说是策略之一，是比较得体的拒绝方式。比如："あすはちょっと会議があるんだが……"，言外之意是"来てもらうことができません"。又如"わたしも行ってみたいんですが……"，这是在接到邀请但不想去，又不便直说时的托词，省掉的是"用があって行けません"之类的意思。言内之意虽表示了自己也想的心情，但言外之意是拒绝。

　　"ちょっとお願いしたいことがあるんですが……"，这是有求于对方时的说法，接下来要说的是求助的具体事情，但不知对方是否愿意帮忙，所以先做一下试探。如果对方流露出难色可以就此停下。从以上说明可以看出，说话人在拒绝对方时照顾的是对方的面子，请求时考虑的是自己的面子。

2．关于"（長い間）お世話になりました"和"ご迷惑をおかけしました"

　　这是告别时为表示感谢说的话，也是一种寒暄。

　　使用时需要注意的是："（長い間）お世話になりました"一定是说话人在一段时日里得到对方照顾，对此表示感谢时说的话。在这里把"（長い間）"用括号括起来，是因为"お世話になりました"的时间长短是相对的，也可以用在相对比较短的时间，比如3-5天等，这时就不用"長い間"。本课表示的是说话人在这一年中多方得到老师的照顾。另外，住在别人家里，或是住在得到对方照顾的地方如宿舍等，当要离开时一般都用这样的说法表示感谢。

　　"ご迷惑をおかけしました"是因某种事情给对方添了麻烦时说的话，以道歉的形式表示感谢。作为应答，可以说"とんでもない"、"とんでもありません"、"どういたしまして"，也可以简单地说"いいえ"。

## 二、文法

**关于助动词"たい"**

　　本课我们学习了助动词"たい"的用法。"たい"只表示说话人的愿望,与第二人称和第三人称相关的时候,不可以直接用"たい"表示。对第二人称可以用疑问的形式,如:"あなたも行きたいですか",关系到第三人称时可以用"王さんも行きたいと言っていました"或"王さんも行きたいと言いましたか"。

## 補足練習

**一、完成下列对话。**

（1）学生：あの……、＿＿＿＿＿＿＿＿＿＿＿＿＿＿＿＿＿＿＿＿＿。

　　先生：はい、何でしょうか……。

　　学生：実は、レポートのことについてお聞きしたいのですが、

　　　　　＿＿＿＿＿＿＿＿＿＿＿＿＿＿＿＿＿＿＿。

　　先生：あっ、あしたの午後はちょっと会議があるんだが……。

　　学生：＿＿＿＿＿＿＿＿＿＿＿＿＿＿＿。またほかの時間にお邪魔します。

（2）学生：＿＿＿＿＿＿＿＿＿＿＿＿＿＿＿。

　　先生：はい、どうぞ。

　　学生：＿＿＿＿＿＿＿＿＿＿＿＿＿＿＿。

　　先生：よく来てくれたね。どうぞかけてください。

　　学生：＿＿＿＿＿＿＿＿＿＿＿＿＿＿＿。

　　　　　実は、来月帰国することになりました。長い間＿＿＿＿＿＿＿＿＿＿。

　　先生：＿＿＿＿＿＿＿＿＿＿＿＿＿＿＿。

**二、下面的情况应该怎么说?**

（1）分手时请对方多保重身体：＿＿＿＿＿＿＿＿＿＿＿＿＿＿＿＿＿。

（2）感到时间之快,一年转眼就过去了：＿＿＿＿＿＿＿＿＿＿＿＿＿＿。

（3）鼓励对方努力干吧：＿＿＿＿＿＿＿＿＿＿＿＿＿＿＿。

（4）告诉对方,明天下午2点在车站等候：＿＿＿＿＿＿＿＿＿＿＿＿＿。

（5）告诉对方无论在生活上还是学习上都给对方添了麻烦：＿＿＿＿＿＿＿＿＿。

三、按下列要求和你的同学编一段对话。

A 学生　　　　　B 房东

A 敲门,问对方在否。　　　　　B 房东答应在,并请A进来。

A 进门,告诉房东下个月要搬家。　　　　　B 吃惊。感叹时间过的真快,已经过了一年了。

A 对房东长时间的照顾表示感谢。　　　　　B 回答自己什么都没做。

A 问房东以后还可以来玩吗?　　　　　B 表示随时欢迎。

○チャレンジ・コーナー
　　　对方邀请你去看电影,但你不想应邀。请问你会怎样谢绝对方?

# 答　案

## 1. 课文译文
### 第13课　拜访老师

会话

（1）

小张:嗯……,老师,明天想去您的研究室打扰一下可以吗?

老师:明天吗? 明天有个会,……。有什么事吗?

小张:没什么事,就是……,想向老师告个别……。

老师:告别? 怎么了? 这么突然。

小张:是这么回事,我3月底要回国了。

老师:是吗。我一直以为你还要呆一段时间。那请你一定要来一下研究室。后天下午怎么样?

小张:行。那我就后天下午来研究室拜访您。

老师:那好。我等着你。

（2）

小张:老师在吗(我可以进来吗)?

老师:请进。啊,小张,欢迎欢迎。快,请坐下。

小张:对不起。

老师:真快啊!已经过了一年了吗?

小张:这么长时间,一直受到您的照顾。

老师:哪儿的话,我什么忙也没能帮上……。

小张:不不,从生活到研究都给老师添了很多麻烦。

老师:哪里。那你回国后还回原来的大学吗?

小张:是的。马上再次开始授课。

老师:是吗。努力工作吧。

小张:老师也多保重。

老师:请给我来信。

小张:好的。那我就告辞了。


课文

　　小张定于3月底回国。回国前,想去老师的研究室告别。于是问老师是否方便。老师很吃惊。老师一直认为小张还要在日本呆上一段时间。

　　老师说明天有会,不到研究室来。后天下午在研究室。因此小张决定后天下午去拜访老师。

　　这天下午,小张来到了老师的研究室。老师在研究室一直等着小张。而且非常高兴地接待了他。

　　老师说,一年的时间过得真快啊。小张对长期受到的关照表示感谢。老师说自己什么忙也没帮上。

　　小张回国后,还回原来的大学,继续任教。老师鼓励小张努力工作。并说请常来信。小张也祝老师身体健康,一边离开了研究室。


2.练习答案

一、しがつよっか　くがつはつか　よじじゅうろっぷん

　　しちじじっぷんまえ／しつじじゅっぷんまえ　ひとり　ふたり　むっ　ここの

　　よんぎょうめ　きゅうぎょうめ　いちねん　じゅうさんねん　かようび　もくようび

　　どようび

二、研究室;邪魔　别;挨拶;伺　長;間　都合;聞　世話　手伝　迷惑　教壇;立大;

頑張 手紙；書 礼；述 健康；祈

三、

| | あります | ありました | ありませんでした |
|---|---|---|---|
| | かきます | かきました | かきませんでした |
| きく | | ききました | ききませんでした |
| よむ | よみます | よみました | |
| | はなします | はなしました | はなしませんでした |
| いう | | いいました | いいませんでした |
| いのる | いのります | | いのりませんでした |
| | もどります | もどりません | もどりませんでした |
| たのむ | | たのみました | たのみませんでした |
| | おどろきます | おどろきました | おどろきませんでした |
| | たずねます | たずねました | たずねませんでした |
| むかえる | | むかえました | むかえませんでした |
| のべる | のべます | のべました | |
| でる | でます | | でませんでした |
| | おきます | おきました | おきませんでした |
| みる | | みました | みませんでした |
| する | します | | しませんでした |
| くる | | きました | きませんでした |

七、（1）に；ても

　　（2）で；に

　　（3）が；に；と

　　（4）は；に；の；を

　　（5）は；が（の）；と

　　（6）は；を；ながら；を

　　（7）と；で；に

　　（8）の；に

　　（9）は；に；に；と

　　（10）を；から；ながら；を

八、（1）今日は頭が痛いから、ちょっとはやく帰ってもよろしいでしょうか。

　　（2）わたしは船で帰国することにしました。

（3）明日の午後、お伺いしたいと思います。

（4）長い間、先生にいろいろご迷惑をおかけしました。

（5）とんでもない。何もお手伝いできませんでした。

（6）帰国してから、また大学にもどり、教壇に立ちたいと思います。

（7）先生のご健康を心からお祈りします。

（8）時間がたつのは、ほんとうに早いですね。日本に来て、もう三年たってしまいましたか。


3．补充练习答案

一、（1）ちょっとお願いがあるんですが；あしたの午後お邪魔してよろしいでしょうか；
　　　分かりました

　　（2）ごめんください；失礼します；ありがとうございます；お世話になりました；と
　　　んでもない。何も手伝いできませんで…

二、（1）どうぞお元気で。

　　（2）時間が経つのは早いですね。一年間、あっという間に過ぎてしまいましたね。

　　（3）がんばってください。

　　（4）あしたの午後2時に駅で待っています。

　　（5）生活から勉強までいろいろとご迷惑をおかけしました。

三、A：ごめんください。

　　B：はい、どうぞお入りください。

　　A：失礼します。実は来月引っ越すことになりました。

　　B：そうですか。時間が経つのは早いですね。もう一年間たちましたか。

　　A：長い間ほんとにお世話になりました。

　　B：とんでもない。何もできなくてすみませんでした。

　　A：また遊びに来てもよろしいですか。

　　B：もちろん。いつでも来てください。


チャレンジ・コーナー（参考）

A：王さん、今度の土曜日、いっしょに映画を見に行きませんか。

B：映画ですか。行きたいんですけど、……

A：じゃ、ぜひいっしょに行きましょう。

B：でも、月曜日に試験があるので、……

A：そうですか。残念ですね。

B：ではまた、今度いっしょに行きましょう。

# 第 14 課

## 買い物

この課のポイント

コミュニケーション機能

　1. 买卖东西

　2. 寒暄语

　3. 量词

文法

　1. 副助词:"など"与"なんか"①

　2. 副助词:"くらい"①

　3. 准体言助词:"の"

　4. 接尾词:"さま"

　5. 感叹词"ああ"

　6. 提示助词"は"与否定叙述

　7. 形容词终止形

　8. 并列助词:"や"

　9. 格助词:"と"③

## 補足説明

一、コミュニケーション機能

**关于购物**

　　本课学习的是购物时店员和顾客之间常用的说法。现在,大多时候购物在超市或 24 小时便利店等进行,店员和顾客很少对话,甚至完全没有对话也可以进行。但是,在街头的蔬菜水果店或专卖店等还是需要交涉的。为了学习方便,就店员和顾客常说的话分别

做如下整理。

**店员：**

欢迎顾客　　いらっしゃいませ。どうぞご自由に（ごゆっくり）ごらんください。

推销　　　　何を差し上げましょう。（キュウリ）なんかいかがでしょう。（新しい）
　　　　　　ですよ。
　　　　　　（これ）などいかがでしょう。なかなか（性能がいいです）よ。

讲价　　　　お客さまはどれくらいのご予算でしょうか。
　　　　　　定価は（5万8千円）ですが、（5万3千円）に負けておきましょう。
　　　　　　ええと、じゃあ、もう（2千円）お引きして（5万1千円）でいかがでしょう。
　　　　　　これ以上お安くはなりません。

结账　　　　（150円）に（100円）と（180円）で、（430円）になります。
　　　　　　これ、（570円）のおつりです。

感谢　　　　毎度ありがとうございます（ました）。

**顾客：**

问价　　　　おいくらですか。

购物　　　　（このトマト2コとそのキャベツ）を（1つ）ください。
　　　　　　じゃあ（3本）もらいましょう。
　　　　　　（5万円くらいの）がほしいのですが……

还价　　　　予算をオーバーしています。
　　　　　　高いですね。もう少し安くなりませんか。
　　　　　　いいでしょう。

付款　　　　これ（千円）です。

要求　　　　家まで届けてください。

　　括号中的单词可以自由替换。在整理的过程中，我们又加了一项"要求"，这在现在
的购物过程中经常出现。
　　另外，也可以从如下角度加以整理。

| 店　員 | 顾　客 |
|---|---|
| 欢迎、推销<br><br>いらっしゃいませ。<br>どうぞご自由にごらんください。<br>何を差し上げましょう。<br>（キュウリ）なんかいかがでしょう。<br>（新しい）ですよ。<br>（これ）などいかがでしょう。<br>なかなか（性能がいいです）よ。 | 问价、购物<br><br>おいくらですか。<br>（このトマト２コとそのキャベツ）を（１<br>　　つ）ください。<br>じゃあ（３本）もらいましょう。<br>（５万円くらいの）がほしいのですが…… |
| 讨价还价<br><br>お客さまはどれくらいのご予算でしょう<br>　　か。<br>定価は（５万８千円）ですが、（５万３千円）<br>　　に負けておきましょう。<br>ええと、じゃあ、もう（２千円）お引きして<br>　　（５万１千円）でいかがでしょう。<br>これ以上お安くはなりません。 | 讨价还价<br><br>予算をオーバーしています。<br>高いですね。もう少し安くなりませんか。<br>いいでしょう。 |
| 结账<br><br>（150円）に（100円）と（180円）で、（430円）<br>　　になります。<br>これ、（570円）のおつりです。 | 付款<br><br>これ（千円）です。 |
| 感谢<br><br>毎度ありがとうございます（ました）。 | 要求<br><br>家まで届けてください。 |

二、文法

**关于助词"と"**

　　"と"有多种语法意义。本课学习的是表示共同的动作、行为的对象。需要注意的是与其呼应的动词，必须是可以与对方共同为之的。如教科书例句中出现的"交渉する"、"結婚する"、"暮らす"、"話し合う"。经常用到的还有"会う"。其中"暮らす"有所不同，一个人也可以"暮らす"，但一旦有了"～と"自然也就成了共同的行为。很多助词都是对动词有要求的，了解这一点，对我们正确地运用动词是很有帮助的。

## 補足練習

一、完成下列对话。

（1）店員：＿＿＿＿＿＿＿＿＿＿＿＿＿＿＿＿＿。何を差し上げましょうか。

　　　客　：このトマトとキュウリ＿＿＿＿＿＿＿＿＿＿＿＿＿＿＿＿。

　　　店員：150円に298円で＿＿＿＿＿＿＿＿＿＿＿＿＿＿。

　　　客　：これ500円です。

　　　店員：はい。＿＿＿＿＿＿＿＿＿＿＿。毎度＿＿＿＿＿＿＿＿＿＿＿。

（2）客　：あのう、電子辞典が＿＿＿＿＿＿＿＿＿＿＿＿＿＿。

　　　店員：これなどいかがですか。なかなか性能がいいですよ。

　　　客　：＿＿＿＿＿＿＿＿＿＿＿＿＿＿。

　　　店員：4万8千円です。

　　　客　：予算をオーバーしています。

　　　店員：じゃあ、4万5千円に＿＿＿＿＿＿＿＿＿＿＿＿＿。

　　　客　：＿＿＿＿＿＿＿＿＿＿＿＿＿＿。

　　　店員：じゃあ、もう2千円お引きして、4万3千円＿＿＿＿＿＿＿＿＿＿。
　　　　　　これ以上＿＿＿＿＿＿＿＿＿＿＿＿＿＿。

　　　客　：＿＿＿＿＿＿＿＿＿＿＿＿＿＿。

二、下面的情况应该怎么说？

（1）想买适合学生用的手机：＿＿＿＿＿＿＿＿＿＿＿＿。

（2）问顾客要买什么价位的：＿＿＿＿＿＿＿＿＿＿＿＿。

（3）请顾客随便看看：＿＿＿＿＿＿＿＿＿＿＿＿。

（4）问还能再便宜一些吗：＿＿＿＿＿＿＿＿＿＿＿＿。

（5）付100元让店员找零：＿＿＿＿＿＿＿＿＿＿＿＿。

（6）表示道歉让对方久等了：＿＿＿＿＿＿＿＿＿＿＿＿。

三、按下列要求和你的同学编一段对话。

　场所：在相机专卖店

A : 欢迎顾客。

A : 问打算买什么价位的。

A : 推荐一种 5 万 2 千日元的。告诉顾客
　　性能很好。

A : 定价是 5 万 2 千日元,可以便宜到
　　4 万 8 千日元。

A : 可以再便宜 1 千日元,再不能便宜了。

B : 想买数码照相机(デジタルカメラ)。

B : 打算买 5 万日元左右的。

B : 问能便宜一些吗?

B : 说知道了,再到别的店去看看。

B : 那好吧。

---

○チャレンジ・コーナー

　1. 到水果店买水果。有 5 个 450 日元的和 3 个 298 日元的。
　　　你是店员,你想让顾客买 5 个 450 日元的。

　2. 你想买 MP3,预算是 3 万日元。请和店员交涉,按你希望
　　　的价格还价。

---

## 答 案

### 1. 课文译文
第 14 课　买东西

会话

　　在蔬菜店

店员:欢迎光临。我给您拿点什么(您要点什么)?

顾客:给我拿两个西红柿和一个卷心菜。

店员:您要两个西红柿和一个卷心菜,对吧。其他还要点什么? 您看这黄瓜怎么样?
　　　顶新鲜的呀。

顾客:是呀! 那就来三根吧。多少钱?

店员:感谢您经常光顾。150 加上 100,再加上 180,一共是 430 日元。

顾客:这是 1 千日元。

店员:好的。请您稍等一会儿。

　　　让您久等了。这是找给您的 570 日元。

在电器用品店

店员：欢迎光临。请您随便看看吧。

顾客：录像机在哪儿卖？

店员：录像机在二楼。请您到二楼。

顾客：种类真多啊！

店员：那么，您打算买多少钱左右的？

顾客：我想买5万日元左右的。

店员：那您看这种怎么样？性能非常好。

顾客：那种多少钱？

店员：定价是5万8千日元，我可以给您减到5万3千日元。

顾客：能不能再便宜一点儿？还是超出我的预算了。

店员：嗯，那就再减去2千日元，5万1千日元怎么样？不能再减了。

顾客：可以吧。那就把货送到我家吧。


课文

### 在蔬菜店

小王去了附近的蔬菜店。这家蔬菜店的菜很新鲜。所以小王经常在这家蔬菜店买菜。

今天，小王买了西红柿和卷心菜。西红柿一个75日元。小王买了两个西红柿。卷心菜很大。所以，他买一个卷心菜。是100日元。蔬菜店的老板说，今天的黄瓜新鲜。因此，他又买了三根黄瓜，一根是60日元，三根是180日元。西红柿，卷心菜和黄瓜一共是430日元。小王拿出了1千日元纸币。蔬菜店老板说，请稍等一会儿，说完就进去了。过了一会儿，老板从里边出来，说："让您久等了，这是找给您的钱。"说着就把570日元递给了小王。并说了一句"多谢您经常来本店！"


### 在电器用品店

小王想买一台录像机，于是就决定去街上的电器店看看。一走进店里，电视机、立体声音响、冰箱、洗衣机、空调等各种电器商品琳琅满目。

小王问店员录像机在哪儿。店员告诉他录像机在二楼，然后就带他上二楼去了。二楼摆满了各种录像机。

店员问小王打算买多少钱的。小王回答说，想买一台5万日元左右的。店员向他推荐一台定价5万8千日元，而且性能非常好的录像机，并说可以减到5万3千日元。尽管

如此,还是要超出了小王的预算。小王与店员进一步讨价还价说,还能再便宜一点儿吗?
店员说:"那就再减去2千日元,5万1千日元吧。这个价钱不能再减了。"小王决定买这
台录像机。

## 2. 练习答案

二、やおや　やさい　せんえんさつ　つ　れいぞうこ　でんききぐてん　せんたくき
　　てんいん　よさん　せいのう　こうしょう　しゅるい　じゆう　すす　いっかい
　　さんがい　ろっかい　じっかい/じゅっかい　ななじゅうえん
　　ひゃくにじゅうごえん　せんさんびゃくはちじゅうえん　いっこ　さんぼん
　　はっぽん　ひとふくろ　ふたふくろ

五、(1)の;の
　　(2)くらい;を
　　(3)を;に
　　(4)と;で
　　(5)の;を
　　(6)の;が;と
　　(7)から;で
　　(8)で;を
　　(9)で;など
　　(10)は;か

六、(1)わたしはいつもこの八百屋で野菜を買います。
　　(2)この八百屋の野菜は新鮮で、種類も多いです。
　　(3)キュウリ3本とキャベツ1つでおいくらになりますか。
　　(4)電気器具店には、テレビやステレオやビデオãデッキや冷蔵庫や洗濯機など
　　　　がずらりと並んでいます。
　　(5)王さんの予算は5万円くらいですが、店にはこんなにやすいのがありません。
　　(6)店員は、定価5万8千円のビデオを5万1千円に負けてくれました。
　　(7)それでも王さんの予算をオーバーしてしまいました。
　　(8)店員は、これ以上安くはなりませんと言いました。

3. 补充练习答案

一、（1）いらっしゃいませ；をください（をもらいましょう）；448円になります；12円
　　　のおつりです；ありがとうございました

　　（2）ほしいんですが……；おいくらですか；負けておきましょう；もう少し安くは
　　　なりませんか；でいかがでしょう；安くはなりませんよ；いいでしょう

二、（1）学生用の携帯がほしいんですが……。

　　（2）お客さまはどれくらいのご予算でしょうか。

　　（3）どうぞご自由にご覧ください。

　　（4）もう少し安くなりませんか。

　　（5）これ100元です。これでおつりをください。

　　（6）お待たせしました。

三、A：いらっしゃいませ。

　　B：デジタルカメラがほしいんですが……。

　　A：お客さまはどれくらいのご予算でしょうか。

　　B：5万円くらいのがいいんですが……。

　　A：じゃ、これなんかいかがでしょう。5万2千円です。なかなか性能がいいですよ。

　　B：もう少し安くなりませんか。

　　A：定価は5万2千円ですが、4万8千円に負けておきましょう。

　　B：そうですか。じゃあ、ほかの店のも見てきます。

　　A：じゃあ、もう千円負けておきます。これ以上安くはなりませんよ。

　　B：いいでしょう。それをもらいます（それにします）。


チャレンジ・コーナー（参考）

1. A：いらっしゃいませ。何を差し上げましょう。

　　B：りんごを買いたいですが……

　　A：りんごですか。5コで450円のと3コで298円のがあるんですが。

　　B：どちらがいいでしょうか。

　　A：5コで450円のでいかがでしょう。安くて甘いですよ。

　　B：そうですか。じゃあ、それをもらいましょう。

2. A：いらっしゃいませ。どうぞご自由にご覧ください。

　　B：MP3がほしいんですが……

A：お客さまはどれくらいのご予算でしょうか。

B：3万円くらいのがいいんですが……

A：これなんかいかがでしょう。

　　機種も新しい（です）し、性能もなかなかいいですよ。

B：おいくらですか。

A：定価は3万5千円ですが、3千円お引きして、3万2千円に負けておきます。

B：予算をオーバーしてしまいますので……

A：じゃあ、もう2千円お安くします。

B：もう少し安くなりませんか。学生ですから。

A：じゃあ、もう2千円負けておきます。これ以上安くなりませんよ。

B：いいでしょう。それにします。

# 第 15 課

買い物

この課のポイント

コミュニケーション機能

1. 意志、打算

2. 称赞

3. 比喻

4. 提议

5. 转话题

6. 焦虑、担心

7. 感叹

8. 气温、温度

9. 时间

10. 时序

11. 量词

文法

1. 助词的重叠："にでも"

2. 动词未然形

3. 副助词："くらい"

4. 断定助动词 "です" 的过去式

5. 形容词、形容动词的过去式

6. 比况助动词："ようだ"

7. 样态助动词："そうだ"

## 補足説明

一、コミュニケーション機能

**1. 关于 "～つもりです" 和 "Vう (Vよう) と思います"**

　　这两种表达方式虽都归纳为 "意志、打算"，但 "～つもりです" 更偏重 "打算"。而 "V、う (Vよう) と思います" 更偏重说话人的意志。比如：说自己的事情时，"今度の冬休みに旅行に出るつもりです" 与 "今度の冬休みに旅行に出ようと思います"，前者是想法、计划；后者是意志，口气较强烈。因此，当问别人假期做什么时，"今度の冬休みはどこへ行くつもりですか" 就比 "今度の休みは旅行に出ようと思っていますか" 自然、柔和。

**2. 关于 "～てもいいんじゃないですか"**

　　这是一种语气比较委婉的提议。表面上是提出自己的意见，寻求对方的同意，实际上要达到的目的是以此给对方提出一个建议。对方如果认为 "よくない"，也就作罢。教科书中得到的响应是 "じゃあ、二三日温泉でも行きましょうか"，对对方的提议是肯定的，同样意思的回应还可以是 "いいですね"、"じゃあ、～ましょう"。也可以否定对方的提议，如："いいえ"、"よくないですよ" 等。

二、文法

**关于样态助动词 "そうだ"**

　　语法解释中提到 "表示某种样态、迹象、趋势" 等。这里要强调的是，这种 "样态、迹象、趋势" 一定是说话人可以看到或是感觉到的。如："雨が降りそうです"，一定是看到天暗下来了，有了要下雨的感觉时才说的。"忙しそうです" 是看到对方忙碌的样子，或通常该有回音的事情还没有结果等时说的话。这种感觉和比况助动词 "ようだ" 不同。"ようだ" 主要用于比喻一种状况，如 "雨が降るようです"，没有 "雨が降りそうです" 那种眼见的、自己也在场的感觉，更多的是比喻当时的天气情况。同样，"忙しいようです" 也不见得说话人就看到对方忙碌的样子，而是对与平时不同的感觉的推断。"そうだ" 和 "ようだ" 在某些时候是可以互换的，但它们的语感有所不同。语感是随着学习的深入，渐渐有所体会的。

一、完成下列对话。

（1）A：久しぶりに家族といっしょにスキーに行こうと思っています。

　　　B：＿＿＿＿＿＿＿＿＿＿＿＿＿＿＿＿＿か。＿＿＿＿＿＿＿＿＿＿＿＿＿。

（2）A：今日の日本語の試験は 3 時間やりましたよ。

　　　B：＿＿＿＿＿＿＿＿＿＿＿＿＿＿＿＿＿＿＿ね。

（3）A：北海道の雪は 3 メートルも積もりましたよ。

　　　B：＿＿＿＿＿＿＿＿＿＿＿＿＿＿＿＿。


二、下面的情况应该怎么说?

（1）问对方假期做什么：＿＿＿＿＿＿＿＿＿＿＿＿＿＿＿＿＿＿＿＿。

（2）告诉对方假期想回老家：＿＿＿＿＿＿＿＿＿＿＿＿＿＿＿＿＿＿。

（3）提议假期一起打工：＿＿＿＿＿＿＿＿＿＿＿＿＿＿＿＿。

（4）转话题,问日语学习最近怎么样了：＿＿＿＿＿＿＿＿＿＿＿＿＿＿＿＿＿。

（5）比喻车好像行驶在雪的隧道中：＿＿＿＿＿＿＿＿＿＿＿＿＿＿＿＿。


三、按下列要求和你的同学编一段对话。

内容：和日本朋友谈论长假(連休<sup>れんきゅう</sup>)的生活

A: 中国学生　　　　　　　B: 日本学生

| A 打招呼,好久不见了。 | B 回答好久不见了。 |
|---|---|
| A 问长假期间做什么了。 | B 回答去桂林旅行了。 |
| A 感叹那肯定挺好的。 | B 回答很好。并告诉是第一次一个人去旅行。 |
| A 吃惊。并推测肯定遇到很多麻烦吧。 | B 回答是的。但是一次很好的体验。 |

○チャレンジ・コーナー

　　看到你的朋友拼命学习、打工,建议他(她)利用假期外出
旅行,调节一下心情。请使用下列表达方式:

　1. ようだ
　2. そうだ
　3. ～てもいいんじゃないですか
　4. つもりだ
　5. V う(V よう)と思う

## 答　案

1．课文译文

第 15 课　寒假

会话
　　（1）

林　:真冷啊。

田中:是呀,不知不觉已到了 12 月中旬。

林　:对了,田中你寒假打算怎么过?

田中:是呀……我想去旅行。

林　:冬季的旅行吗,太好了。

田中:那,小林你打算干什么?

林　:我现在日语学习很紧张。

田中:可是,寒假嘛,应该好好地放松一下才是呀。

林　:那,我就利用两三天的时间去洗洗温泉吧。

田中:那才好,请一定去。


　　（2）

林　:田中,你的旅行怎么样?

田中：好极了，雪国之行。

林　：不过，雪很大，够呛吧。

田中：是的，汽车好象行驶在雪的隧道里。

林　：那太棒了。雪积了几米深？

田中：大约有3米左右。

林　：一定很冷吧。

田中：不冷。雪中挺暖和的。风吹不着。小林你去洗温泉了吗？

林　：去了。第一次洗温泉，开始还真有点不好意思。

田中：是吗。不过，是一次很好的体验吧。

林　：是的。我还想再去呢。


课文

　　转眼间又到了12月中旬。房间里也感到很冷了。马上就要放寒假了。大学的寒假是从12月22日到1月8日。小林和田中谈论寒假的计划。田中打算出去旅行。但小林的日语学习很紧张。田中说，寒假嘛，应该好好地放松一下才是。因此，小林也决定利用两三天的时间去洗温泉。

　　寒假结束了。田中也旅行回来了。二人一起谈了寒假的见闻。田中去了雪国旅行。那里的雪有3米左右深。田中说汽车好象行驶在雪的隧道里。小林问他，一定很冷吧。田中告诉她，风吹不着，雪中很暖和。小林讲了洗温泉的经历。她说，开始有些难为情。并说还想再去洗温泉。两个人看上去非常愉快。


2．练习答案

三、りょこう　べんきょう　たいへん　おんせん　けいけん　へや　たび　ゆき
　　かぜ　よてい　なか　ふゆやす　あたた　ひ

四、八百屋　主人　交渉　自由　種類　雪国　積　通　恥　届　渡　並　出来事
　　案内　寒

五、（1）

| | |
|---|---|
| いかない | いこう |
| ぬがない | ぬごう |
| はなさない | はなそう |
| たたない | たとう |

| | | |
|---|---|---|
| | よばない | よぼう |
| | よまない | よもう |
| | のらない | のろう |
| | はしらない | はしろう |
| | かえらない | かえろう |
| | かわない | かおう |
| | おりない | おりよう |
| | みない | みよう |
| | きない | きよう |
| | はじめない | はじめよう |
| | でない | でよう |
| | しない | しよう |
| | こない | こよう |

（2）

| | | |
|---|---|---|
| | あたたかかった | あたたかかったです (でしょう) |
| | はずかしかった | はずかしかったです (でしょう) |
| | おもしろかった | おもしろかったです (でしょう) |
| | すばらしかった | すばらしかったです (でしょう) |
| | うれしかった | うれしかったです (でしょう) |
| | たのしかった | たのしかったです (でしょう) |
| | おいしかった | おいしかったです (でしょう) |
| | すずしかった | すずしかったです (でしょう) |
| | あつかった | あつかったです (でしょう) |
| | よかった | よかったです (でしょう) |

（3）

| | | |
|---|---|---|
| | たいへんだった | たいへんだったです (でしょう) |
| | じょうずだった | じょうずだったです (でしょう) |
| | あたたかだった | あたたかだったです (でしょう) |

| | おなじだった | おなじだったです（でしょう） |
|---|---|---|
| | しずかだった | しずかだったです（でしょう） |
| | へただった | へただったです（でしょう） |
| | しんせんだった | しんせんだったです（でしょう） |
| | じょうぶだった | じょうぶだったです（でしょう） |
| | げんきだった | げんきだったです（でしょう） |
| | りっぱだった | りっぱだったです（でしょう） |

八、（1）と；は；を

　　（2）に；を

　　（3）より；が

　　（4）が；が；も

　　（5）に；や；など

　　（6）は；に

　　（7）に；と；を

　　（8）の；の；で

　　（9）に；を

　　（10）でも；ながら

　　（11）の；までに

　　（12）の；で；が；くらい；でも；と

九、（1）この冬休み、あなたはどうするつもりですか。

　　（2）李さんは、桂林へ旅行に行くそうです。

　　（3）来年の冬休みはまた温泉に行こうと思っています。

　　（4）旅行に出ないことにしました。

　　（5）わたしは冬休みを利用して一生懸命日本語を勉強しようと思います。

　　（6）冬休みくらい旅行にでも行って、ゆっくりしたほうがいいんじゃないですか。

　　（7）いつのまにか冬休みも半ばを過ぎてしまいました。

　　（8）新学期は3月1日から始まります。


3. 补充练习答案

一、（1）家族といっしょの旅行です；いいですね

（2）それはたいへんだったでしょう

　　（3）それはすごい

二、（1）休みはどうするつもりですか。

　　（2）ふるさとへ帰ろうと思います。

　　（3）いっしょにアルバイトをしてもいいんじゃないですか。

　　（4）ところで、最近日本語の勉強はどうですか。

　　（5）車はまるで雪のトンネルの中を走っているようです。

三、A：お久しぶりです。

　　B：しばらくです。

　　A：連休は何をしましたか。

　　B：桂林へいってきたんです。

　　A：桂林ですか。よかったでしょう。

　　B：ええ、とてもよかったですよ。でも、はじめての一人旅でした。

　　B：それはすごい。でも、いろいろたいへんだったでしょう。

　　A：ええ、たいへんだったんですけど、いい体験をしました。


チャレンジ・コーナー（参考）

A：張さん、忙しそうですね。

B：ええ、あした日本語の試験があるんです。

A：でも、張さんは土日も休んでいないようですね。

B：ええ。アルバイトをしています。

A：それはたいへんですね。冬休みはどうするつもりですか。

B：どこへも行かないで、勉強とアルバイトをしようと思います。

A：冬休みくらい、ゆっくりしてもいいんじゃないですか。

B：そうですね。じゃあ、どこかへ旅行にでも出ましょうか。

A：ぜひそうしなさい。そのほうが体にいいと思いますよ。

B：ありがとうございます。

# 第 16 課

## 図書館で

この課のポイント

コミュニケーション機能
1. 原因、理由
2. 询问
3. 转折
4. 经历
5. 方法、手段
6. 命名、定义
7. 并列
8. 提醒
9. 可能和不可能
10. 计量（限定的范围）
11. 顺序
12. 数量（量词）

文法
1. 接续助词："ので"
2. 动词的存续体："～ている"
3. 授受动词："くださる"
4. 格助词："の"
5. 连体词："こんな"、"そんな"、"あんな"、"どんな"
6. 提示助词："しか"
7. 接续助词："が"
8. 助词的重叠："からの"、"にも"
9. 动词假定形
10. 助动词："ように" ①
11. "～について" 的用法

## 補足説明

### 一、コミュニケーション機能

**1．询问与应答**

（1）"あのう、すみませんが。"句中的"あのう"是感叹词"あの"的长音形式,在这里是讲话或提问之前引起对方注意的用法。这句话是用于向对方询问事情时所使用的表达形式之一,预示有话要说或有问题要问,从而引出下面的话来。意思是"对不起,（请问）"。

（2）"はい、何でしょうか。"在会话中,小王说了"あのう、すみませんが。"田中据此判断出小王下面有话要说或有问题要问,所以田中马上应答说"はい",这里的"はい"可以传达一个信息——"我在听你说呢",然后接着用"何でしょうか"问小王有什么事。

（3）"ちょっと資料を調べたいんですが",小王用"ちょっと～たいんですが"这种较为客气、委婉的表达方式说出了自己的要求。

**2．道谢和应答**

（1）"どうも、いろいろありがとうございました"是对长辈表示谢意时或在郑重场合表示谢意时的说法,相当于"多谢"。"どうも"经常用在表示感谢的词语前边,加强感谢的语气。比较随便的场合可以用"どうも、いろいろありがとう"来表示。

（2）"いいえ、どういたしまして"是对上句"どうも、いろいろありがとうございました"的谦虚应答,相当于"不用谢（不客气）",一般用于比较正式的场合。比较随便的场合也可以只用"いいえ"来回答。

### 二、文法

**关于"ば"、"たら"的使用区别**

课文中出现了表示假定的"ば"和"たら"的用法。它们在句中均表示顺接意义的条件从句。

"ば"表示如果该条件（动作、变化、状态、性质等）成立,就会出现后面的结果。如:

（1）暇があれば、また遊びに来てください。

（2）食事を減らせば、誰でもやせる。

（3）あなたが行けば、私も行く。

（4）手術をすれば、助かるだろう。

"たら"在句中也构成条件从句,但"たら"所强调的是个别事物之间的依存关系。表示只要条件从句实现了,后项的主句就可以实现,多用于一次性的事情。如:

　　(1)雨が降ったら、試合は中止です。

　　(2)この薬を飲んだら、咳はすぐに止まります。

　　(3)ここまで来たら、一人でも帰ることができます。

　　"たら"、"ば"在意义上的不同

　　它们首先表现在后一个句子句尾的不同。后一个句子的句尾为表现说话人的意志或有命令语意的时候,多使用"たら";一般不用"ば"。如:

　　ホテルに着いたら、電話番号を知らせよう。(× 着けば)

　　但是如果用"ば"表示的条件句中用的是表示状态的词,后一个句子的句尾可以表现说话人的意志或带有命令的语气。如:

　　(1)寒ければ、クーラーをつけましょう。(○寒かったら)

　　(2)できれば、今日中にレポートを出してください。(○できたら)

## 補足練習

一、仿照例子,用"ば"或"たら"完成下列句子。

　　例:北京に着く/すぐ電話をくださる　→　北京に着いたら、すぐ電話をください。

　　(1)田中さんが来る/教えてください

　　(2)彼は机に向かう/一生懸命勉強する

　　(3)ちりも積もる/山となる

　　(4)うちに帰る/すぐテレビを見ます

　　(5)年を取る/体は弱くなるのだ

　　(6)八時になる/みんなで出発しましょう

　　(7)春が来る/花が咲く

　　(8)新しい家を買う/みんなを招待したいと思います

　　(9)書名や著者名で調べる/分かりますよ

　　(10)そんなにたくさん食べる/おなかをこわしますよ

二、下列情况应该怎么说？

（1）（李老师为忙碌的王老师端来了茶水，王老师如何道谢，李老师如何应答）

王：

李：

（2）（田中叫住路人打听图书馆在什么位置时，田中应该怎么问，路人如何应答）

田中：

路人：

田中：

路人：

田中：

路人：

---

○チャレンジ・コーナー

你能归纳出在图书馆如何利用电脑查阅相关书籍的方法吗?

---

答　案

## 1. 课文译文

### 第16课　在图书馆

**文章**

下周六之前，我要提交一篇有关夏目漱石的作品《心》的研究报告。我手头没有资料，决定去大学的图书馆查资料。图书馆是一座四层建筑，非常漂亮。一进大门，摆着一排检索用的电脑。由于我没有查过，所以不知如何使用。于是，我请教了图书管理员田中先生，田中先生耐心地说明了使用方法。

他告诉我："图书目录大体分为以下四种：一种是书名目录，用于按书名查书。当你知道书名时，可以用这个目录查找。第二种是作者目录，用于按作者名查书。当你知道书的作者时，可按用这个目录查找。第三种称为主题目录，用于按主题查书。在查找有关内容的书时，可按此目录查找。第四种是词典式目录，是把书名目录和主题目录合在一起分类的。"接下来，田中先生问我："那你想查什么资料？"我说："我是要写一篇有关夏目漱

石的《心》这篇小说的研究报告……,当然这部小说我已有了。"田中先生说:"那我就给你介绍几本书吧。但一次只能借两本书,请你自己选择。"

图书馆的词典类图书可以借出来在阅览室查阅,但不能带出馆外。于是,我用电脑检索后,决定借《文艺读本夏目漱石》和小宫丰隆写的《夏目漱石》这两本书。另外,我还把《日本文学鉴赏辞典·近代篇》和《日本文学大辞典》等也借出来,在阅览室查阅。

## 会话

王(中国留学生 男)　　田中(图书馆管理员 男)

王 :请问……。

田中:你有什么事?

王 :我想查点儿资料……。

田中:请你先用那边的电脑,查一下书的编号。

王 :对不起,我是第一次来,不知道怎么查。

田中:啊,你是中国学生吧。目录分为几种,既有按书名和作者名查找的,又有按主题查找的,那么,你想查什么资料?

王 :我想写一篇关于夏目漱石的《心》这篇小说的研究报告。

田中:夏目漱石是日本近代文学史上的著名作家,所以资料很多。我来给你介绍几本,请你用电脑查一下图书编号。不过,一次只能借两本。

王 :明白了。

田中:那就请你在那边查找。

王 :(查好后)麻烦您,我要借《文艺读本夏目漱石》和小宫丰隆的《夏目漱石》这两本书。

田中:好的。借阅期限是两个星期,请别忘了。

王 :对了,在这里可以复印吗?

田中:可以。在二层的开架阅览室可以复印。

王 :谢谢!

田中:不客气。

## 2.练习答案

一、(1)目録　図書番号　調
　　(2)借　自分　選
　　(3)4階建　建物

（4）文芸読本　文学鑑賞辞典

（5）大体　四　種類

二、（1）つく　さくひん　さよう　さぎょう　どうさ

（2）さくぶん　ぶんか　ちゅうもん

（3）おお　だいがく　たいへん

（4）あたら　しんせん　しんぶん

（5）だ　で　しゅっちょう

三、

|  |  |  | 行っていい | 行ったらいい |
|---|---|---|---|---|
|  |  |  | 読んでいい | 読んだらいい |
|  |  | 聞いて | 聞いていい | 聞いたらいい |
|  |  | 買って | 買っていい | 買ったらいい |
|  |  |  | 食べていい | 食べたらいい |
|  |  | あげて | あげていい | あげたらいい |
|  |  | 借りて | 借りていい | 借りたらいい |
|  |  | 見て | 見ていい | 見たらいい |
|  |  |  | 来ていい | 来たらいい |
|  |  |  | していい | したらいい |

四、（1）から；に；が；と

（2）は；の；と

（3）は；から；まで

（4）には；が；しか

（5）は；ので；は；まで

（6）には；が；が；も；が

八、图书馆使用须知

（1）爱护图书,不要在书上乱写乱画,不要损坏图书。

（2）丢失或损坏时,原则上要赔偿。

（3）在阅览室不能说话、吃东西。

（4）在有烟灰缸处吸烟。

（5）不要将贵重物品放在桌子上,离开座位。

（6）遇到火灾、地震等特殊情况时,要服从管理员的指挥,进行避难。

九、（1）あしたの講演会は八時から始まるから遅刻しないように……。
　　（2）講演のテーマは図書館をどう利用するかについてです。
　　（3）私は一人でこの研究をすることにしました。
　　（4）私たちのクラスには男子学生が四人しかいません。
　　（5）先生の質問にどう答えていいかわかりません。
　　（6）私は一度も北京に行ったことはありません。
　　（7）この図書館では一回に五冊借りることができます。
　　（8）あちらの検索用のコンピューターで書名を調べてください。

3．补充练习答案
一、（1）たら　　　　（2）ば　　　　（3）ば　　　　（4）たら　　　　（5）ば
　　（6）たら　　　　（7）ば　　　　（8）たら　　　　（9）ば　　　　（10）ば
二、（1）王：どうも　ありがとうございました。
　　　　李：いいえ、どういたしまして。
　　（2）田中：あのう、すみませんが……
　　　　路人：はい、何でしょうか。
　　　　田中：ちょっと図書館に行きたいんですが……
　　　　路人：まっすぐ行くとみえますよ。
　　　　田中：どうもありがとうございます。
　　　　路人：いいえ。

チャレンジ・コーナー（参考）
1．一つは、読みたい本の名前が分かったら書名によって、本をさがすことができる。
2．二つ目は、本の著者の名前が分かっている時、著者名によって調べることができる。
3．三つ目は、件名目録を利用してもいい。
4．四つ目は、書名目録と件名目録を混合して分類したものが利用できる。

# 第 17 課

## ロボット

---

**この課のポイント**

**コミュニケーション機能**

  1. 命名、定义

  2. 同时

  3. 变化

  4. 比喻

  5. 顺序(起点)

  6. 比较

  7. 转折

  8. 计量(比率和比例)

  9. 时间(时间关系)

**文法**

  1. 助词的重叠:"でも" ①

  2. 形容动词连用形:"～で"

  3. 接续助词:"たり"

  4. 接续助词:"ても"

  5. 动词的活用表

---

## 補足説明

一、コミュニケーション機能

1. 向导说的话

（1）おはようございます。私は案内係の村田です。

初次见面或给客人做向导之前,一定要做自我介绍。自我介绍时,除了自己的姓名和简单的寒暄外,一般还要告诉客人自己的职务。

例句中的前一句话是寒暄语,因为是上午接待客人,所以用"おはようございます(早上好)"来问候,接着介绍了自己的身份和自己的姓名。

（2）"〜について簡単にご説明いたします"

此句是参观或游览某地之前,导游需向客人简要介绍一下参观游览地的有关情况时说的话。表示"参观前,就有关……的情况做一简单说明"之意。有的时候为了防止意外,在简单介绍参观游览地后,还要叮嘱一些客人要注意的事情。如:"時間を厳守するようにお願いします"、"雨の後なので、足元にお気をつけるようにお願いします"、"健康が第一ですから、食べ物にお気をつけください" 等等。

2. 关于"〜ようになりました"

此句型接在动词基本形或动词的可能态后,用于表示事物的变化,即从原来不能进行该行为动作变为开始可以进行该行为动作了。强调从无到有的变化过程。如:

（1）彼は日本語が話せるようになりました。

（2）注意したら、文句を言わないようになりました。

例句（1）暗示了以前不会说日语,现在已经会说日语了。例句（2）也是如此,在提醒之前,经常发牢骚,提醒后不再发牢骚了,这两个例句均强调了变化的过程,也暗示了前后行为动作的变化。

二、文法

关于"でも"的用法

"でも"是由格助词"で"和提示助词"も"重叠而成的。格助词"で"有多种用法,在本课中,表示行为、动作进行的处所。"も"是提示助词,它的作用是用以加强语气,即强调在该处所也能进行某种行为、动作。课文中的"海底でも自由に複雑で危険な仕事をやることができます",此句中的"でも"表示"机器人在海底也能自由地进行复杂而危险的工作",言外之意是陆地等自不必说了的意思。下面为了让大家更好地理解"でも"的用法,再举几个例句。如:

（1）彼はいま政界でも活躍しています。

（2）この本は近くの本屋でも買えます。

（3）猫は暗い所でもものが見えます。

## 補足練習

一、找出与例句中的"でも"用法相同的句子。

例：上海行きは天津でも乗り換えられます。

（1）タクシーでも1時間かかるのだから、歩いたらたいへんです。

（2）あの店でも大安売りをしています。

（3）雨でも明日の旅行へはいきます。

（4）わたしは東京でも5年過ごしました。

二、下面的情况应该怎么说？

（1）（你是导游）先向客人做自我介绍：_____。

（2）简介一下你所向导的地方（例如你自己的大学）：_____。

（3）提醒客人要注意的事项：_____。

三、用"ようになりました"改写下列句子。

（1）前は車が運転できませんでした。今はできる。→

（2）昔は外国へ旅行に行けませんでした。今はできる。→

（3）前は泳ぐことができませんでした。今はできる。→

（4）前は日本料理が作れませんでした。今はできる。→

（5）前は日本語でEメールが送れませんでした。今はできる。→

（6）前は英語が話せませんでした。今はできる。→

---

○チャレンジ・コーナー

根据课文内容，请你归纳出机器人与人在工作中的不同之处。

---

## 答　案

1．课文译文

第17课　机器人

**文章**

　　机器人是代替人,按指令发挥人的作用的自动机械。在自动系统中,搬运并加工产品零件的机器人称为工业用机器人。

　　工业用机器人与人不同,它可以长时间不休息地工作,而且工作效率高。它只用人的二分之一或三分之一的时间,就可以生产各种产品了。大到汽车,小到半导体,机器人都能制造。另外,除了工业用机器人之外,各种工作用机器人都可在人不能去的危险或狭窄的地方工作。在发生火灾时,人无法进入火中,而机器人可以进去工作。即便是在海底也可自由地进行复杂而危险的工作。而且,即使人不在旁边,也可用遥控从远处进行操作。还可装上信息技术等储存装置,自动地进行工作。

　　最近,领会人的语言去工作,按不同对象采取不同方法工作的机器人越来越多。今后,还会制造出更加复杂的机器人,让人类的工作越来越轻松。

**会话**

　　参观汽车厂

学　生:早上好!

村　田:早上好! 我是这里的接待人员村田。参观前,我简单地介绍一下厂里的生产情况。汽车有底盘、车体、发动机、车闸、车座、方向盘、空调等部件。这些部件分别在各部件工厂生产后,运到这里。在这里将运来的部件进行组装,完成最后一道工序。下面,我们就从车体的制造开始参观吧。

村　田:车体是由产业机器人制造的。

学生A:机器人正在来回走动。

村　田:是的。在这里使用了很多机器人工作。

学生A:所以,工作人员不多。

学生B:简直像人一样呀。

村　田:是呀,我们也给机器人起了名,象呵护孩子一样来呵护它们。这个机器人叫"桃子",那个叫"太郎"。

学生A:多么可爱的名字呀!

学生B:那么,机器人与人相比,怎么样呢? 工作准确吗?

村　田：准确。几乎没有错误。因为它是机器,所以与人不同,即使长时间工作也不会疲劳或分散注意力。与人相比,工作效率高得多。

学生A：在这个工厂里,使用着多少个机器人?

村　田：一共有200个左右。现在,危险的工作和精密度高的工作几乎都是机器人操作,所以轻松多了。


## 2. 练习答案

一、(1)来週　機械工場　見学

　　(2)人間　能率

　　(3)危険　複雑　仕事

　　(4)名前　子供　大切

　　(5)長　時間　働　疲　気　散

二、(1)①いち　　いちがつついたち　　いっかい　ひとつ　　ひとり

　　　②はち　　さんがつようか　　やっつ　　はっぴゃく　やおや

　　　③こと　　しごと　できごと　だいじ　じぶつ　しょくじ　ぶじ

　　　④い　　はい　　いる　　にゅうがく

　　(2)①きょう　　てんき　　およ

　　　②こんしゅう　　どようび　　だ

　　　③ば　　かぜ　　ひ　　けっせき

　　　④きこく　　きょうだん　　た

三、

| | | 待て | 待ちなさい | 待ってください |
|---|---|---|---|---|
| 走る | | | 走りなさい | 走ってください |
| 行く | 行け | | | 行ってください |
| 飲む | 飲め | | 飲みなさい | 飲んでください |
| | すわれ | | すわりなさい | すわってください |
| がんばる | | | がんばりなさい | がんばってください |
| 立っ | 立て | | 立ちなさい | 立ってください |
| 着る | 着れ | | 着なさい | 着てください |
| | 見よ | | 見なさい | 見てください |
| 答える | | | 答えなさい | 答えてください |

| 考える | 考えれ | 考えなさい | 考えなさい |
|---|---|---|---|
| 来る | 来い | 来なさい | 来てください |
| | しろ　せよ | しなさい | してください |

四、（1）ので；は；へ；を；たり；たり

　　（2）には；とか；とか；が；は；ので；か

　　（3）は；でも

　　（4）でも

　　（5）が；で；と

　　（6）は；で；で

　　（7）は；にも（へも）

　　（8）は；でも

七、（1）長い時間仕事をしても、疲れたり、気が散ったりしません。

　　（2）日本語学部の二年生はいま日本語で手紙を書くことが

　　（3）図書館では一回に三冊借りる

　　（4）行ったり来たりしているロボットは

　　（5）ほとんどミスはありません。

　　（6）今は、危険な仕事や精密度の高い仕事は、ほとんどロボットがやるので

八、（1）ロボットは機械ですから人間と違って火の中や水の中でも仕事をやることができます。

　　（2）ロボットは、手を人間の手の入れない細いパイプに入れることができます。

　　（3）人間は機械ではないから、長い時間仕事をすることができません。

　　（4）ほかの工場で作った部品はここに運んできて組み立てます。

　　（5）私はこの夏休みを利用して海辺へ行って泳いだり山登りをしたりするつもりです。


3. 补充练习答案

一、（2）（4）

二、（1）よくいらっしゃいました。わたしは案内係の李です。よろしくお願いします。

　　（2）まず、北京大学の状況について簡単にご説明いたします。

　　（3）キャンパスが広いので、私の後について行動してください。

三、（1）今は車が運転できるようになりました。

　　（2）今は外国へ旅行に行けるようになりました。

　　（3）今は泳ぐことができるようになりました。

　　（4）今は日本料理が作れるようになりました。

　　（5）今は日本語でEメールが送れるようになりました。

　　（6）今は英語が話せるようになりました。

チャレンジ・コーナー(参考)

1. 長い時間、休まず仕事をすることができる。

2. 仕事も早くできる。

3. 自動車や半導体などは作ることができる。

4. 危ないところや狭いところなど、人間の行けないところで作業できる。

5. 火の中と海底でも仕事ができる。

# 第18課

## 皮膚の働き

この課のポイント

コミュニケーション機能

1. 效用、功用

2. 目的、目标

3. 原因、理由

4. 比较

5. 计算（增加或减少）

6. 认可

7. 数量（过量）

8. 询问

9. 时间（时段、频度）

10. 数量（量词）

文法

1. 断定助动词"だ"的连体形

2. 补助动词："いく"与"くる"

3. 助动词："ように"②

4. 助词的重叠："へでも"

5. 格助词："に"①②

6. 补助动词："しまう"

## 補足説明

一、コミュニケーション機能

1. 关于"ため"和"ように"

　二者都是用来表示"目的"或"目标",所以在使用时容易混淆。请看下面的例句。

（1）中国に行く<u>ため</u>（に）中国語を勉強しています。

（2）車を買う<u>ため</u>、いっしょうけんめいに働いています。

（3）本がたくさん買える<u>ように</u>アルバイトをもっとしようと思います。

（4）一年生にも読める<u>ように</u>漢字にふりがなをつけました。

　例句（1）、（2）中的"ため"前面的从句要求是由自己的意志可以决定的事情,前后事项均为具有主观意志的动作行为,前后事项为同一主语。而例句（3）、（4）中的"ように"是表示为了达到某种状态,而采取的手段或行为、动作,所以"ように"的前面多使用与人的意志无关的动词或可能动词。前后主语可以像例句（3）那样是同一主语,也可像例句（4）那样是不同主语。

2. 关于"～の（ん）です"

　在本课文中多次出现了使用"～のです"的句子,而在会话文中也出现了多处"～んです"的表达方式,由此可以看出书面语中多用"～のです",而口语中常用"～んです"。它们均用于说明情况或进一步解释之意,但大多场合无须译出。一般接在用言的连体形后。如:

　A. ここに教室棟があります。

　B. 図書館もここにある<u>ん</u>ですか。

　A. はい、図書館は教室棟のすぐ側にあります。

二、文法

关于"～ていく"和"～てくる"

　这二者均以说话的时间为基准,表示事物的发展或是动作的持续。

　"～ていく"是以说话的时间为基准,表示事物从现在到今后的发展变化过程、状态的继续或某种行为动作继续下去的趋势。如:

　（1）日本では、さらに子供の数が減っ<u>ていく</u>。（状态的继续）

（2）私は、大学を卒業しても日本語の勉強を続けて<u>いきたい</u>と思います。（動作継
　　続下去的趋势）

（3）あたりが暗くなって<u>いく</u>。（发展变化过程）

　　"～てくる"是以说话的时间为基准，表示事物由过去到现在逐渐变化的过程或动作
由过去的某个时段持续到现在。如：

（1）彼はずっとあの大学で英語を教えて<u>きました</u>。（动作的持续）

（2）18歳の時からこの工場で働いて<u>きました</u>。（动作一直从过去持续到现在）

（3）最近すこし太って<u>きました</u>。（逐渐变化）

## 補足練習

一、仿照例子练习会话。

例：① 昨日自動車工場へ見学に行きました。

　　② その工場は有名です。

　　③ ロボットが多いです。

　　→A：昨日自動車工場へ見学に行きました。

　　　　B：その工場は有名なんですか。

　　　　A：ええ、ロボットが多いんです。

（1）① 昨日李さんと映画を見に行きました。

　　② 李さんはAさんの恋人です。

　　③ 高校時代のクラスメートです。

（2）① きょうは日本語の宿題がたくさんあります。

　　② むずかしいです。

　　③ 作文がむずかしいです。

（3）① これは私の新しい携帯電話です。

　　② また日本製の携帯電話を買いました。

　　③ 日本製の携帯電話は性能がいいです。


二、用"～ていく"或"～てくる"完成下列句子。

（1）A：以前は外国へ旅行する人は珍しかったね。

B：ええ、でもこのごろ外国へ旅行する人が（増える）＿＿＿＿＿＿＿＿＿。

これからも（増える）＿＿＿＿＿＿＿＿と思います。

（2）A：以前は中国語が話せる外国人が少なかったですね。

B：ええ、でもこのごろ中国語が話せる外国人が（多い）＿＿＿＿＿＿＿＿。

これからも（多い）＿＿＿＿＿＿＿＿と思います。

（3）今後通信手段がどんどん（進歩する）＿＿＿＿＿＿＿＿だろう。

（4）彼は大学を出てからもボランテイア活動を（続ける）＿＿＿＿＿＿＿＿だろう。

（5）七時ごろバスはあまり込んでいませんが八時ごろになるとバスは（込む）＿＿＿＿

＿＿＿＿＿。

（6）日本では 12 月はあまり寒くありませんが 1 月になると（寒い）＿＿＿＿＿＿＿。

（7）いまは中国はタバコを吸う人が（減る）＿＿＿＿＿＿＿＿。

（8）これからも、乗用車は（安い）＿＿＿＿＿＿＿と思います。


三、在（　）里填入 "ために" 或 "ように"。

（1）息子が家で勉強できる（　　　　）父は家を改築した。

（2）ピアノを習う（　　　　）これまでずいぶん時間とお金を使った。

（3）忘れない（　　　　）ノートにメモしておきましょう。

（4）家で仕事をする（　　　　）パソコンなどを買いました。

（5）黒板の字がよく見える（　　　　）めがねをかけています。

（6）レポートを書く（　　　　）図書館でいろいろな資料を調べている。

（7）記念切手を手に入れる（　　　　）朝早く郵便局の前で列を並んだ。

（8）道がすぐ分かる（　　　　）事前に地図を調べておいた。

---

○チャレンジ・コーナー

　　请你谈谈电脑的功能及作用。

---

## 答　案

1．课文译文

第 18 课　皮肤的功能

文章

　　皮肤有各种功能。

　　夏天去海边或登山时,照射到强烈的日光,皮肤就被太阳晒黑了。这也是保护我们身体的皮肤的功能。

　　日光为保护健康的身体起着重要的作用。特别是日光中的紫外线这种光线,可以促进我们身体的活动,杀死有害细菌。但是,就像饭吃得过多会吃坏肚子一样,长时间照射紫外线反而会损害身体。因此,皮肤起到了保护人体免受紫外线伤害的作用。

　　皮肤里有一种叫做黑素的黑色色素。受到强烈的紫外线照射后,黑素就会不断增多。由于日晒而皮肤变黑就是这个缘故。在教室里放电影和幻灯时,周围要挂黑色幕帘。这是为了防止从外边透进光亮。皮肤也与其一样,黑素增多,肤色变黑,是为了防止强烈的紫外线进入体内。

会话

　　小野(男)　　　池田(男)

小野:哎呀,晒得真黑呀,是去海边或是去登山了?

池田:是的。去海边游泳了。

小野:日光浴对身体有益,但过度了反而会对身体有害。

池田:是吗。我一直认为晒黑皮肤是健康的标志。

小野:你大概知道紫外线的作用吧。

池田:当然知道。紫外线是可以促进我们身体的活动,杀死有害细菌。

小野:长时间受到强烈紫外线的照射,反而会伤害身体的。

池田:那就和饭吃得过多会吃坏肚子一样呀。

小野:是的。

池田:那为什么晒太阳后,皮肤会变黑呢?

小野:皮肤里有一种叫做黑素的黑色色素。它遇到强烈的紫外线后,就会不断增多。

池田:所以,晒太阳后,皮肤就会变黑。

小野:是呀。在教室里放电影和幻灯时,周围不是要挂上黑色幕帘吗? 那是为了不让光线从外边透进来。皮肤也是一样……。

池田:啊,明白了。皮肤也会增加黑色素,使皮肤变黑,以防止强烈的紫外线进入体内。

小野:你说得对。

2．練習答案

一、（1）教室　映画　映　外　光　入　防　周　黒　幕

　　（2）日光浴　体　度　過　傷

　　（3）紫外線　光線　活動　盛　有害　菌　殺

二、（1）①いろ　　しきそ

　　　　②くろ　　ま；くろ　　こくばん　　こくじん

　　　　③た　　く　　しょくじ

　　　　④まわ　　なんかい　　まわ

　　　　⑤ひ　　にっこうよく　　げつようび　　ついたち　　いつか

　　（2）①あたま　　いた　　ねつ　　さんじゅうくどさんぶ

　　　　②へた　　とくい

　　　　③れっしゃ　　はかたゆき　　とっきゅう　　ひかり

　　　　④にゅうがくいわい　　うでどけい

　　　　⑤えき　　ちかてつ　　ま；あ　　ばしょ

三、

| | | | |
|---|---|---|---|
| | 動き | 動いて | 動いたり |
| 行く | | 行って | 行ったり |
| 帰る | 帰り | | 帰ったり |
| 回る | 回り | 回って | |
| | 書き | 書いて | 書いたり |
| 読む | | 読んで | 読んだり |
| 聞く | 聞き | | 聞いたり |
| 運ぶ | 運び | 運んで | |
| | 貸し出し | 貸し出して | 貸し出したり |
| 泳ぐ | | 泳いで | 泳いだり |
| 買う | 買い | | 買ったり |
| 食べ過ぎる | 食べ過ぎ | 食べ過ぎて | |
| | 疲れ | 疲れて | 疲れたり |
| 比べる | | 比べて | 比べたり |
| 組み立てる | 組み立て | | 組み立てたり |

四、（1）は；へ；に；たり；で；を；だり

　　（2）は；で；が；の；を

（3）は；が；から

（4）が；に

（5）は；に；ので；が

（6）と；は；に；の；の

（7）が；と；が

（8）は；が；に；を；を

七、（1）色が黒くなるんです。

（2）回りに黒い幕をかけます。

（3）ご飯を食べ過ぎると、

（4）度が過ぎると、かえって体を傷めてしまいます。

（5）私たちの体の活動を盛んにしたり、有害なばい菌を殺したりします。

（6）皮膚の中にある、黒い色の色素のことです。

八、（1）皮膚の中にあるメラニンが強い紫外線に当たると、どんどん増えてくるから、色が黒くなるんです。

（2）教室で映画やスライドを映す時、回りに黒い幕をかけるのは、外から光が入るのを防ぐためです。

（3）日光浴は体にいいんですが、度が過ぎると、かえって体を傷めてしまいます。これは、ご飯を食べ過ぎると、おなかを壊してしまうのと同じです。

（4）王さん、こんにちは！ おばあさんのところからのお手紙ありがとうございました。毎日海辺で遊んだりして楽しいでしょう。昨日私も弟と一緒に海辺に行きました。弟と一緒に泳いで真っ黒に焼けてしまいました。

　　いつお帰りですか。帰ったら一緒に夏休みの宿題をしましょう。では、今日はこのへんで。どうぞお元気で。さようなら。

## 3．补充练习答案

一、（1）Ａ：昨日李さんと映画を見に行きました。

　　　　Ｂ：李さんはＡさんの恋人なんですか。

　　　　Ａ：ええ、高校時代のクラスメートなんです。

（2）Ａ：きょうは日本語の宿題がたくさんあります。

　　　　Ｂ：むずかしいんですか。

　　　　Ａ：ええ、作文がむずかしいんです。

（3）A：これは私の新しい携帯電話です。

　　　B：また日本製の携帯電話を買ったんですか。

　　　A：ええ、日本製の携帯電話は性能がいいんです。

二、（1）増えてきました；増えていく

　　（2）多くなってきました；多くなっていく

　　（3）進歩していく

　　（4）続けていく

　　（5）込んできます

　　（6）寒くなってくる

　　（7）減ってきました

　　（8）安くなっていく

三、（1）ように　　　　（2）ために　　　　（3）ように　　　　（4）ために

　　（5）ように　　　　（6）ために　　　　（7）ために　　　　（8）ように

チャレンジ・コーナー（参考）

　コンピューターは多くの情報を高速にしかも正確に処理することができる。そのためにいろいろな情報を目的にあわせて活用するための道具として事務所、工場、大学、研究所、病院など、多くの分野で利用されています。現在、コンピューターがなくては仕事ができない時代になっています。私たちもパソコンを使って勉強したりしています。とても便利です。しかし、パソコンに頼りすぎていることも最近多いです。ですから、健康な使い方が必要です。これから気をつけなければなりません。

# 第 19 課

## 待ち時間

この課のポイント

コミュニケーション機能

  1. 程度

  2. 比较

  3. 转折

  4. 经历

  5. 原因、理由

  6. 应答

文法

  1. 传闻助动词: "そうだ"

  2. 助词的重叠: "までの" 和 "では" ①

  3. 推量助动词: "らしい"

  4. 提示助词: "も" ①

  5. 并列助词: "とか"

  6. 接续助词: "のに"

  7. 断定助动词 "だ" 和 "です" 的活用表

## 補足説明

コミュニケーション機能

1. 关于 "が" 和 "のに"

    接续助词 "が" 除了表示顺态接续外,还可以表示逆态接续,即转折之意。当它表示

转折时,与接续助词"のに"的意义近似,均可以译为"虽然……但是……",但它们在意义上是有区别的。"が"用于连接两个对立的事物,表示前后两个分句的内容相对立或产生的结果与预想的结果相反。而"のに"表示说话人对预想外的结果有意外和怀疑的心情,还带有责怪的语气。请看下面的例句。

（1）彼女は日本語が上手だが、私は日本語が下手だ。

（2）薬を飲んだり注射したりしたが、風邪は少しもよくならない。

（3）彼は雨なのに出かけていった。

（4）四月なのに何でこんなに寒いんだろう。

（5）40分も待っているのに、まだ来ない。

（6）早く言ってくれればいいのに。

例句（1）中的"が"是表示前后分句内容相对立的事物,即"她日语好,我日语不好。"是"好"与"不好"的对立。而例句（2）后句所产生的结果与预想的结果相反,即"吃药打针后,感冒应该治好了,但其结果是感冒一点儿也不见好。"例句（3）和（4）中的"のに"构成转折关系,例句（3）表示正相反的结果,正常的情况下是"下雨不出门",句中的意思是"下着雨还外出",表示说话人感到意外。例句（4）是以提问的形式对"四月份为什么这么冷"这种预料之外的现象,表示意外和怀疑。例句（5）、（6）带有责怪他人或听话人的语气。

2."V たことがある"和"V ることがある"

这两个句式首先是接续方法不同,一个是"动词过去时＋ことがある",另一个是"动词基本形(词典形)＋ことがある",所以它们所表达的意义和用法也完全不同。"V たことがある"表示曾经有过的经历,多用于一次性的事情。而"V ることがある"则表示行为、动作时有发生,但频率不太高。如:

（1）刺身を食べたことがある。（吃过生鱼片。）

（2）刺身を食べることがある。（偶尔吃生鱼片。）

（3）北京へ行ったことがある。（去过北京。）

（4）北京へ行くことがある。（偶尔去北京。）

例（1）叙述的是"食べる"这一行为、动作曾经发生过,即有过"食べる"的经历,多用于一次性的事情。而例（2）则表示"食べる"这一行为、动作偶尔发生或有时发生,但频率不高。例（3）、（4）也同样,例（3）是说曾经有去过北京的经历,例（4）说的是偶尔去北京。

## 補足練習

一、完成下列句子。

（1）日本語の文法はむずかしかったが ＿＿＿＿＿＿＿＿＿＿＿＿＿。

（2）教科書は面白くないが＿＿＿＿＿＿＿＿＿＿＿＿＿＿＿＿。

（3）日本人なのに＿＿＿＿＿＿＿＿＿＿＿＿＿＿＿＿＿。

（4）熱が下がったのに＿＿＿＿＿＿＿＿＿＿＿＿＿＿＿＿。

（5）みんな知っているのに＿＿＿＿＿＿＿＿＿＿＿＿＿＿。

（6）昼間は暖かくなったが＿＿＿＿＿＿＿＿＿＿＿＿＿＿。


二、用 "V たことがある" 或 "V ることがある" 翻译下列句子。

（1）他去过欧洲旅行。

（2）晚自习后，有时和同学在校园散步。

（3）去年我曾见过高中的老师。

（4）周日有时带孩子在外边吃饭。

（5）小李偶尔也会迟到。

（6）我小时侯读过那本小说。


三、用 "だって" 完成下列对话。

（1）母　：どうしてにんじんを食べないの。

　　洋子：＿＿＿＿＿＿＿＿＿＿＿＿＿＿＿＿＿。

（2）A：新聞はまだかな。

　　B：＿＿＿＿＿＿＿＿＿＿＿＿＿＿＿＿＿。

（3）李：昨日どうして待ってくれなかったの。

　　王：＿＿＿＿＿＿＿＿＿＿＿＿＿＿＿＿＿。

---

○チャレンジ・コーナー

　　和朋友约会看电影，到时间仍不见人来，请你用 "のに" 和 "だって" 编写一段小对话。

---

# 答 案

## 1. 课文译文

### 第19课 等候时间

**文章**

报纸上刊登了有关日本人的"等候时间"与"烦躁"关系的调查结果。调查的内容是日本人等候多长时间就开始烦躁。

调查结果表明,年过二十岁的女性是最先开始烦躁。年龄越大越能忍耐。据说男性要比女性更能忍耐一些。等人开始感到烦躁的时间平均是二十分钟左右,等电车和巴士的时间是十分钟左右,在卫生间等候是五分钟左右。

可是,这个调查结果有点不可思议。在有名的商店和餐馆前,经常可以看到长长的队伍。我想大概要等三十分钟到一个小时。尽管如此,谁也不放弃。都在耐心地等候着。排队的人一多,人们就会觉得"这家店可能便宜吧"或"准是一家味道不错的餐馆吧",因此更受人欢迎。为此,听说最近有的饭馆还特意雇打工的人来排队呢。

等恋人和朋友时,最长只等二十分钟就急不可待了。但为了能进有名的店大家却忍耐力极强。还特意去需要等候的店。这究竟是为什么呢?

**会话**

高桥(男)　　　　　坂本(女)

高桥:尽管约好了,但朋友却姗姗来迟,这样的事也时有发生吧。

坂本:是的。

高桥:那时,你不急躁吗?

坂本:是呀,等三十分钟以内,还不会急。

高桥:是吗。据说日本人的平均等候时间是二十分钟。

坂本:那我属于比较能忍耐的啦。

高桥:是的。那你等电车和巴士的时间呢?

坂本:我想等十分钟左右就会烦躁。

高桥: 这与日本人的平均等候时间是一样的。听说在卫生间的等候时间是五分钟左右。

坂本：是吗。不过,有些不可思议。

高桥：为什么?

坂本：不是吗? 有名的商店和餐馆前不是经常排着长队嘛。

高桥：是的。

坂本：看到许多人排队,排队的人就会增多。

高桥：因为看到排队的人多,人们就会想"这家店的价格肯定便宜"或"准是一家味道不错的餐馆"。

坂本：而且一等就是三十分钟到一个小时。

高桥：的确如此啊!

坂本：等朋友时,等了二十分钟就烦了。但……。

高桥：是的。在饭馆排队时,就是等上一个小时,都不会烦躁的。


2.练习答案

一、(1)緑　増

　　(2)活動　盛

　　(3)友達　関係

　　(4)紫外線　有害　菌　殺　働

　　(5)病院　検査　結果　出

　　(6)頼　図書館　雑誌　2冊　借

二、(1)①ひと　こいびと　にんき　ちゅうごくじん　ふたり

　　　②い　ぎんこう　ぎょうれつ　よんぎょうめ

　　　③とき　ときどき　うでどけい　じかん

　　　④わ　にぶんのいち　さんじっぷん/さんじゅっぷん　さんじゅうはちどごぶ

　　　⑤なまえ　ゆうめい

　　(2)①ひゃくごじゅうえん　ひゃくえん　ひゃくはちじゅうえん　よんひゃくさんじゅうえん

　　　②せんえん　ごひゃくななじゅうえん　　つ

　　　③ていか　ごまんはっせんえん　ごまんさんぜんえん　　ま

　　　④いっぽん　ごじゅうごえん　さんぼん　ひゃくろくじゅうごえん

　　　⑤みせ　なか　れいぞうこ　せんたくき　でんききぐ　なら

三、(1)のに；の

（2）から

（3）が；ても；に

（4）まで；で；が

（5）は；だけ

（6）は；ので；でも；か

（7）から；までの

（8）から；まで；が；から；へ

（9）を；とか；を；とか

（10）も；のに；は

四、（1）当た　　　（2）書き　　　（3）聞い　　　（4）話せ；話す

（5）泣い；笑っ　（6）来い　　　（7）頼ん　　　（8）行こ

五、（1）な　　　（2）で；だ　　　（3）だ　　　（4）だろ

（5）だ　　　（6）だっ；だ　　　（7）な　　　（8）だ；だろ

（9）なら　　　（10）だ

六、（1）① 小さい　　　② 暗い　　　③ 寒い　　　④ 多い

　　　　⑤ 遅い　　　⑥ 高い

（2）① 脱ぐ　　　② 降りる　　　③ 出る　　　④ 返す

　　　　⑤ 買う　　　⑥ 寝る

九、（1）①　　　（2）③　　　（3）④

十、昨日は日曜日だった。李さんと王さんは一緒に町へ行きました。映画を見終わっ
　　たらもう十二時半でした。どのレストランも客でいっぱいです。長い行列ができ
　　ている店もあります。

　　王：おいしいレストランなんでしょう。私たちも並びましょう。

　　李：最近では、行列のアルバイトを頼む店もあるそうです。

　　王：そうですか。じゃ、並ぶのをやめましょう。私は、十分ぐらいでイライラする
　　　　んです。

　　李：じゃあ、ほかのレストランに行きましょう。

　　王：ええ、そうしましょう。


## 3. 补充练习答案

一、（1）発音はあまり難しくなかった。

（2）まあまあだな。

（3）京劇に詳しい。

（4）まだ頭が痛い。

（5）私だけが知らなかった。

（6）夜はまだ寒い。

二、（1）彼はヨーロッパへ旅行に行ったことがある。

（2）夜自習のあと友達とキャンパスを散歩することがある。

（3）去年私は高校時代の先生にお目にかかったことがある。

（4）日曜日子供と外食することがある。

（5）李さんも遅刻することがある。

（6）私は子供のごろその小説を読んだことがある。

三、（1）洋子：だってきらいなんだもん。

（2）B：だって、今日は休刊でしょ、来ないわよ。

（3）王：だって、もう間に合わなかったから。


チャレンジ・コーナー（参考）

張：（腕時計を見ながら）どうしてこんなに遅くなったの。もう始まって10分も経つ
　　のに……。

周：だって道が込んでるんだもん。ごめんね。

張：映画が始まると中は暗くなるでしょ。人に迷惑をかけるよ。

周：はい、わかった。これから気をつけます。

## 第 20 課
### 過剰包装

この課のポイント

コミュニケーション機能

1. 推测

2. 转折

3. 赞同

4. 传闻

5. 结论

6. 材料

7. 时间

8. 数量(量词)

文法

1. 授受动词:"くれる"和"～てくれる"

2. 格助词:"で"①

3. 助词的重叠:"でも"②、"では"②、"での"、"とも"①

4. 接续助词:"けど"

5. 语气助词:"わ"

6. 格助词:"と"①

## 補足説明

コミュニケーション機能

1. 关于"それはもちろんですよ"

当对方提出的想法或道理是一般常识性的道理时,说话人用"それはもちろんです
よ"来表明非常赞同对方的意见。请看下面的对话。

A:授業中にも携帯電話が鳴りますよ。

B:先生は怒りますか。

A:それはもちろんですよ。(＝もちろん怒りますよ。)

对话中的"それはもちろんですよ"表示"那是当然的啦",说明"老师生气"这一事
实是不言而喻的。另外,也可以用于对对方说过的话做进一步的肯定时的说法,如:

A:あなたも行くんですか。

B:それはもちろんですよ。

## 2. 关于"けど"的用法

常见于口语当中,表示转折。以"けど"结句,故意不把话讲完,这种说话的语气较为
委婉。请看下面的对话:

田中(男):どう、このスーツ？ ちょっと大きいけど……。

遠藤(女):いいんじゃない？ でも、高いんでしょ？

田中(男):大丈夫だよ。ボーナスも入ったことだし。……あれ、今朝このポケット
　　　　　に入れたはずなんだけど……。

遠藤(女):どうするの?

田中(男):買いたいけど、お金が……。

## 3. 关于"よね"的语感

终助词"よ"男女均可用,强调自己的主张时使用。而"ね"是为了引起对方的注意
而使用。"よね"一起使用,用于说话人强调自己的主张的同时,试图赢得听话人的共鸣。
请看下面一组对话:

遠藤:確か王さんは卓球が好きだったよね。

王　:そうよ。どうして?

遠藤:明日の試合のチケットがあるんだけど、ぼくは行けないんだ。王さん行か
　　　ない?

王　:ありがとう。遠慮なく行かせていただくわよ。

## 補足練習

一、下面的情况应该怎么说?

（1）确认昨天 2 月 4 日是立春：_____。

（2）表示赞同对方的意见：_____。

（3）用委婉的语气告诉对方自己明天出差不在家：_____。

二、翻译下面的句子。

（1）这不是最适合你的颜色吗?

（2）我也想和你一起去。

（3）听说今年流行白颜色。

（4）可以说这是最好的结果了。

（5）小的时候妈妈每天晚上都给我讲一个故事。

三、按下列要求会话。

A 和 B 是同学,就过剩包装发表自己的意见。

○チャレンジ・コーナー
请你编写一段有关北京环保问题的小对话(如沙尘暴等)

## 答　案

1.课文译文

第 20 课　过剩包装

文章

　　在百货商店或超市购物时,售货员就会用纸细心地将物品包装好。然后放进塑料袋里。有时一件商品要用好几张纸和塑料袋。大家都已经认为这样做是理所当然的。但是,

这么多纸和袋子,真的有必要吗? 回到家,把东西拿出来,垃圾箱马上就装满了纸和塑料袋。据说这些包装纸和塑料袋成了大量的垃圾。

最近,大家强烈呼吁减少垃圾。因此,在百货商店也逐渐减少了过剩包装,而简单地包装了。大超市里也开始考虑各种措施。在日本的一家超市购物时,如果你自带袋子,就在你的卡上盖章,图章积多了,还发给购物券。还有的超市使用再生纸做的纸袋。布做的购物袋也开始出售了。

据说大家在超市购物时,一个月有一次不要袋子,那么一年就可省几亿个袋子。这难道不是最简单的环保措施吗?

## 会话

　　田村(男)　　　　山本(女)

田村:最近,百货店和超市里的过剩包装少多了啊。

山本:是的。以前包装一件物品要用好几张纸和塑料袋。

田村:其实根本没必要用那么多张纸一层又一层地包装。

山本:不过,到目前为止,大家一直认为那样做是理所当然的。

田村:到家后,把东西拿出来,垃圾箱马上就满了,里边全是包装纸和塑料袋。

山本:过剩包装与垃圾处理及环保问题是紧密相连的。

田村:那是当然的啦。这些包装纸和塑料袋也就变成了大量的垃圾。

山本:因此,最近在大超市里也开始想方设法减少包装。例如,有的超市,如果消费者自带购物袋的话,就在卡上盖图章,图章积多了,就发给购物券。

田村:那是个好办法。听说还有的超市使用再生纸做的纸袋,并出售布做的购物袋。

山本:据说顾客在超市等购物时,一个月里有一次不要购物袋的话,那么,一年就可节约几亿个袋子。

田村:真是积少成多呀!

山本:包装越少,成本就越低,价格也就便宜啦。

田村:那还可以说是最简单的环保措施吧。

## 2.练习答案

一、(1)待　合　場所　相談

　　(2)地下鉄　降　駅

　　(3)何時間　我慢強　待　不思議

（4）店　行列　頼

（5）再生紙　袋　使　布　買　物袋　売

二、（1）① つき　いちがつついたち　まいげつ／まいつき　げつようび

　　　　　　せいねんがっぴ　しょうがつ

　　　② ちか　ちかみち　さいきん　きんだい　きんじょ

　　　③ ほうそうし　つつ　こづつみ

　　　④ しなもの　さくひん　じょうひん

　　　⑤ い　ひつよう　ようてん　じゅうよう

　　（2）① ちゅうしょく　かいしゃ　どうりょう　ちか　ちゅうかりょうりや

　　　② よんじゅうはち　　ひら．　きゅうぎょうめ

　　　③ かぜ　はや　なんにん　けっせき

　　　④ やおや　やさい　しんせん　やす

　　　⑤ こうしょう　いじょう　まけ

三、

| | 買ってくれる | 買ったらいい |
|---|---|---|
| 包む | | 包んだらいい |
| 待つ | 待ってくれる | |
| | 押してくれる | 押したらいい |
| 売る | | 売ったらいい |
| 頼む | 頼んでくれる | |
| | 来てくれる | 来たらいい |
| する | | したらいい |
| 並ぶ | 並んでくれる | |
| | 持って行ってくれる | 持って行ったらいい |

四、（1）に；と；が

　（2）や；に；が

　（3）では；で；を

　（4）を；も；ば；で；を；も

　（5）から；が；と

　（6）が；で

　（7）で；も；も；なんか

　（8）が；ば；ほど；も

五、（1）本；冊 　　（2）個；個 　　　（3）本、袋 　　（4）回

　　（5）本；つ 　　（6）度 　　　　　（7）遍 　　　　（8）人

　　（9）分 　　　（10）両

七、（1）コストも下がる

　　（2）値段も安くなる

　　（3）包装が多くなると、コストも上がるし

　　（4）ゴミ箱がすぐいっぱいになります

　　（5）環境保護と大きなかかわりがあります

　　（6）並ぶ人がもっと増えるんです

　　（7）もっと人気があります

　　（8）私ははじめてなので

八、（1）昨日李さんが、誕生日のお祝いを贈ってくれました。

　　（2）プレゼントは、箱に入っています。

　　（3）箱はきれいな包装紙で包まれています。

　　（4）箱は、赤いリボンで蝶結びにしてきれいです。

　　（5）箱の中には婦人用腕時計が入っています。

　　（6）ゴミ箱は、包装紙とビニールでいっぱいになっています。

　　（7）この紙とビニールは、みんなゴミになってしまうそうです。

　　（8）これらの問題がいつになったら解決できるのでしょうか。

3. 补充练习答案

一、（1）昨日2月4日は立春だったんですよね。

　　（2）それはもちろんですよ。

　　（3）あしたは出張で、留守なんですけど。

二、（1）これはあなたに一番合う色じゃないですか。

　　（2）私もあなたと一緒に行きたいけど。

　　（3）今年は白が流行っていると聞いている。

　　（4）これは一番いい結果だと言えるだろう。

　　（5）子供の時、母は毎日の夜わたしにお話をしてくれた。

三、A：最近、品物の包装がきれいになりましたね。

　　B：そうですね。この間、日本の友達から誕生祝いをもらいましたが、包装がとて

もきれいでした。

Ａ：同感です。日本の品物の包装は確かにきれいですが、過剰の時もあると思いません？

Ｂ：それはあると思いますけど、やはりきれいなほうが気持ちがいいでしょう。

Ａ：それはもちろんですよ。なにか簡単できれいに包装できる方法はないでしょうか。

Ｂ：それは大きな課題ですね。

チャレンジ・コーナー（参考）

王：あ、おはよう。大分春めいてきたね。

李：ええ、ずいぶんね。

王：三月はまだちょっと寒いね。

李：だけど、もう春なのよね。

王：春好き？

李：好きだけど、春の黄砂は大変だよ。

王：そうだね。強い風が吹くと、ひどい黄砂よね。

李：来年は北京オリンピックなので環境問題を重視しなくちゃならないね。

王：それはもちろんだよ。いまは北京市民のボランティアの植樹がブームになってるそうだ。

李：それはいいことだね。

# 第 21 課
## 座布団とふすま

---

この課のポイント

コミュニケーション機能

 1. 寒暄语

 2. 义务、应该

 3. 可能和不可能

 4. 感叹

 5. 转折

 6. 感觉

文法

 1. 副助词："ほど"

 2. 指示词："こう、そう、ああ、どう"

 3. 补助动词："ある"

 4. 形容词假定形

 5. 形容词的活用表

---

一、コミュニケーション機能

1. 关于"よくいらっしゃいました"和"ようこそいらっしゃいました"

　　这两句话都是用来对来者表示欢迎的,相当于汉语的"欢迎,欢迎!",但语气略有不同。"よくいらっしゃいました"语气相对轻松、随便,对一般朋友都可以适用。而"ようこそいらっしゃいました"则显得更郑重一些,一般不用于朋友之间。

2. "～わけにはいきません"和"～することができません"

　　这两个句式都可以翻译成"不能……",所以在使用时容易引起混乱。请看下面的例句:

　　（1）彼女に注意されているから、こんなことを言う＿＿＿＿＿＿＿＿＿＿。

　　（2）わたしはスポーツマンじゃないから、彼のように速く走る＿＿＿＿＿＿。

　　例句（1）虽然两种说法都成立,但"～わけにはいきません"更贴切。而例句（2）却只能用"～することができません"。"～わけにはいきません"强调的是"因为某种情况或原因,而不能……",指的是人为的判断;"～することができません"偏重的是能力,"因为没有能力,所以不能……",指的是客观事实。例句（1）因为已经收到对方提醒,所以主观判断不能说,因此用"～わけにはいきません"更贴切。当然,如果说话人敢于承担后果,也可以用"～することができません",但显得牵强。例句（2）的意思非常明确,自己不是运动员,当然不具备运动员的速度,所以只能用"～することができません"。

　　不言而喻,课文中"洋式の家屋では、こうするわけには行きません"不是能力的问题,而是由于"西式的房子不能随便挪动墙壁"这种原因或状况,就是我们有力气（能力）也不能把墙壁搬开,使房间变大。这是根据具体情况做出的判断。

二、文法

**关于指示词：こう、そう、ああ、どう**

　　到目前为止,我们已经学习了数组这样的词。由于它们具备很多共同的特点,我们习惯称它们为"こそあど系列"。但它们在词性上有很大的不同。"これ、それ、あれ、どれ"、"こちら、そちら、あちら、どちら"是名词,"この、その、あの、どの"、"こんな、そんな、あんな、どんな"是连体词,而"こう、そう、ああ、どう"是副词。副词的特点是用来修饰动词,希望大家在使用时特别注意。为了使用方便,我们再给大家提供几个例句:

　　（1）「称」という漢字はこう書きます。

　　（2）わたしもそうしたいんですが、現実的にそうするわけにはいかないんです。

　　（3）ああしてこうしてと段取りを立てています。

　　（4）あなたは彼をどう思いますか。

　　<u>補足練習</u>

一、完成下列对话。

A：＿＿＿＿＿＿＿＿＿＿＿。どうぞ、＿＿＿＿＿＿＿＿くださぃ。

B：ではお邪魔します。

A：お茶でもどうぞ。

B：＿＿＿＿＿＿＿＿＿＿＿＿＿＿。

二、下面的情况应该怎么说?

（1）请对方随便些：＿＿＿＿＿＿＿。

（2）感叹这太方便了：＿＿＿＿＿＿＿。

（3）告诉对方自己的腿麻了：＿＿＿＿＿＿。

三、在下划线上填入 "〜わけにはいきません" 或 "〜することができません"。

（1）風邪はまだ完全に治っていないので、泳ぐ＿＿＿＿＿＿＿＿＿。

（2）部屋が狭いので、こんなに大勢の人は入る＿＿＿＿＿＿＿＿。

（3）もう大人だから、強制する＿＿＿＿＿＿＿＿＿。

（4）インターネットは便利だけれど、自分で書かないで、他人のものをダウンロードする＿＿＿＿＿＿＿＿＿。

（5）試験の結果はもう出ましたが、まだ発表の段階ではないので、彼に知らせる＿＿＿＿＿＿＿＿＿＿。

（6）お金を持っているからといって、無駄遣いをする＿＿＿＿＿＿＿＿＿。

---

○チャレンジ・コーナー

你能用自己的方法归纳出几条西式和日式房间的特点吗?

---

## 答 案

1. 课文译文

第 21 课　坐垫和隔扇

文章

今天我到山田家做客。这是我第一次拜访日本人家。一按门铃,山田就出来了。今

天她与平日不同,穿着和服。漂亮得我都认不出来了。山田说:"欢迎你。小李和井上都来了。请进。"我说:"那就打扰了。"就脱鞋进了屋。一进客厅,只见小李他们正端端正正地坐着。山田说:"请坐",并递给我一个坐垫。我也学着大家的样子,双腿并齐跪坐在坐垫上。但仅过了五分钟左右,腿就麻了。在中国总是坐椅子,所以不习惯。山田发现后说:"你是第一次坐榻榻米吧。请随便一些。"所以我就把腿伸开了。

过了一会儿,铃木和山本也来了。"房间有点小",山田边说边取下隔扇。于是,和隔壁房间一起变成了一大间,宽敞多了。在西式的房子里,这是做不到的。客厅里除了椅子、沙发外,还摆放着餐桌。所以这么多客人就容纳不下了。椅子数量有限,晚到的客人只能站着,即便隔壁有房间,因有墙壁和门隔开,不能一起使用。

我觉得日本房屋确实很方便。并且我很钦佩,这种生活的智慧是多么了不起啊!

## 会话

李(女)　　　王(女)

李:今天过得非常愉快。

王:是的。不过,你的腿麻了吧。

李:我来日本已经两年了,但还是坐不惯榻榻米。

王:日本人已经习惯了。坐几个小时也没事。

李:中老年人是这样,但年轻人好像也不习惯。

王:是的。至今还有人伸开腿坐。

李:日本人的生活方式也在渐渐地变了。

王:在公寓楼等处,没有日式房间的地方也越来越多。

李:不过,有人说没有一间日式房间,总觉得心神不安。

王:大概是因为有了日式房间,就可以随便躺着,或盘腿坐着下象棋。

李:说得也是,但如果不在壁龛里挂画和插花的话,就找不到回家的感觉吧。

王:不过,即便有了日式房间,没有壁龛的房间也越来越多。

李:的确,木结构的日式房间越来越少,但对日本人来说,理想的住宅还是以日式房间为主的木结构房屋。

王:取下隔扇就能与隔壁房间连在一起使用。白天把寝具放进壁橱里,可以最大限度地使用空间,多么奢侈啊。

李:是呀,确实很方便,但也有不便之处,不是吗?

王:是的。也有个人隐私难以保护的缺点,因为可以听到隔壁的声音。

李：还有，难以确保冷暖设备是一个致命的弱点。

王：西式建筑需要按不同的使用目的设客厅、起居室、卧室、餐厅、储藏间、厨房等很多房间。

李：对个人生活极为有利，但它不能像日本房屋那样通融。

王：不能光看好的一面。

李：这大概就是每个民族追求适于本国风土人情的住宅的结果吧。

王：不过，时代在变，可以说对居住的要求也在变吧。


2. 练习答案

一、（1）洋服　今日　和服　着

　　（2）脱　靴　揃　中　入

　　（3）慣　足　困

　　（4）遠慮　膝　崩

　　（5）弟　畳　上　小説　読

　　（6）時代　変化　住居　対　要求　変

二、（1）① うえ　うわぎ　あ　あ　じょうず

　　　　② そと　ほか　はず　はず　まちはず　がいこくご

　　　　③ にし　せいよう　かんさい　とうざいなんぼく

　　　　④ ぬの　ふとん　ざぶとん

　　　　⑤ こども　おやこ　じょし　いす　ようす

　　（2）① ひとり　ふたり　よにん　ななにん/しちにん　きゅうにん　じゅうにん

　　　　② いっぽん　さんぼん　ろっぽん　はちほん/はっぽん　きゅうほん　じっ
　　　　　ぽん/じゅっぽん

　　　　③ いっさつ　よんさつ　ろくさつ　ななさつ/しちさつ　はっさつ/はちさ
　　　　　つ　じっさつ/じゅっさつ

　　　　④ ひとつ　ふたつ　みっつ　よっつ　いつつ　むっつ　ななつ　やっつ　ここ
　　　　　のつ　とお

　　　　⑤ いっかい　にかい　さんがい　よんかい　ごかい　ろっかい　ななかい
　　　　　はちかい/はっかい　きゅうかい　じっかい/じゅっかい

三、

| | 狭かろう | 狭かった | 狭くない | 狭ければ |
|---|---|---|---|---|
| 高い | | 高かった | 高くない | 高ければ |

| | | | | |
|---|---|---|---|---|
| 低い | 低かろう | | 低くない | 低ければ |
| 大きい | 大きかろう | 大きかった | | 大きければ |
| 小さい | 小さかろう | 小さかった | 小さくない | |
| | 暑かろう | 暑かった | 暑くない | 暑ければ |
| 寒い | | 寒かった | 寒くない | 寒ければ |
| 多い | 多かろう | | 多くない | 多くなければ |
| 少ない | 少なかろう | 少なかった | | 少なければ |
| 黒い | 黒かろう | 黒かった | 黒くない | |
| | 暖かかろう | 暖かかった | 暖かくない | 暖かければ |
| 涼しい | | 涼しかった | 涼しくない | 涼しければ |
| 美しい | 美しかろう | | 美しくない | 美しければ |
| 痛い | 痛かろう | 痛かった | | 痛ければ |
| 難しい | 難しかろう | 難しかった | 難しくない | |
| | やさしかろう | やさしかった | やさしくない | やさしければ |
| | | よかった | よくない | |

四、（1）を；ので；へ；に

（2）が；ので；に

（3）が；を；と

（4）を；と；が

（5）を；と；の；と

（6）の；では；は；しか；ので；から；が；は

（7）が；を；ば

（8）は；には；が；は

八、（1）日本家屋は洋式の家屋と違って、便利なところがたくさんあります。

（2）座布団の上に座ってください。

（3）普段は座布団を押入れに仕舞っておきます。

（4）押入れから座布団を出して、お客さんに座ってもらいます。

（5）お客さんの人数によって座布団をだします。

（6）お客の多い場合ふすまを外して隣の部屋と一つにして使うことがあります。

（7）洋式の家屋は、壁で仕切られているのでお客さんが多くても二つの部屋を一つ
にして使うことはできません。

（8）洋式建築はそれぞれ目的に応じてたくさんの部屋を設けなければなりません。

## 3. 补充练习答案

一、A：よく（ようこそ）いらっしゃいました；お入り

B：ありがとうございます（どうぞ、おかまいなく）

二、（1）楽にしてください / どうぞお楽に

（2）何と便利でしょう

（3）あ、足がしびれてしまいました

三、（1）ことができません

（2）ことができません

（3）わけにはいきません / ことができません

（4）わけにはいきません

（5）ことができません / わけにはいきません

（6）わけにはいきません / ことができません

チャレンジ・コーナー（参考）

洋式の家屋について

1. プライバシーを守ることができます。

2. 目的に応じて部屋を使うことができるので、家の整理がやりやすいです。

3. 冷暖房を確保することができます。

4. 部屋を大きくしたり、小さくしたりすることができないので、少し不便です。

和式の家屋について

1. 部屋を大きくしたり、小さくしたりすることができるので、便利です。

2. 地べたに寝そべったり、あぐらをかいたりすることができるので、楽です。

3. プライバシーを守りにくいです。

4. 冷暖房を確保しにくい。

## 第22課

日本人と食生活

この課のポイント

コミュニケーション機能

1. 喜欢和不喜欢

2. 推测

3. 原因、理由

4. 味觉

5. 顺序

6. 数量(量词)

文法

1. "ではなく"和"であり"

2. 格助词:"と"②

3. 格助词:"で"②

4. 形容动词活用表

5. 日语句法初步

補足説明

一、コミュニケーション機能

关于"わけです / わけではない"

　　"～わけです / わけではない"是日本人比较爱用的一种表达方式。虽然它表达的是原因、理由,但主观色彩比较淡薄,更接近于顺理成章的结果。比如教科书P.107的例句:

（1）夕べ遅くまで起きていたから、今日はねむいわけです。

（2）まだみんなに言っていません。だから、誰も知らなかったわけです。

（3）健康のために人参を食べているのです。好きで食べているわけではないんです。

　　各句之间的关系是:（1）"夕べ遅くまで起きていた"→"今日はねむい";（2）"みんなに言っていません"→"誰も知らなかった";（3）"人参を食べている"→"好きで食べている",本来是正常的关系,但结果是相反的,所以加上了"わけではない"。由此可以看出前句与后句的关系是必然的,并不是说话人的判断。

　　日本人在他们的语言交往中不喜欢作出明确的肯定或否定,因此,对这种表达形式是乐于接受的。我们也不妨试着用一下。例如:

（1）足が痛いから、速く歩くことができないわけです。

（2）ぜんぜん準備していなかったから、答えることができないわけです。

（3）切符が取れなかったんです。行きたくないわけではないんです。

（4）疲れただけです。勉強が嫌になったわけではありません。


二、文法

"だ"和"である"

　　本课我们学习了"ではなく"和"であり",它们分别是"だ"和"である"的否定形式,用来表示句中停顿。那么,"だ"和"である"又有什么不同呢?

　　首先,它们都是判断助动词,是"です"的简体形式。"だ"多用于口语的简体形式或书写文章。"である"多用于报刊或论说文当中。它的敬体形式可以用"であります",多见于演讲等场合。关于"である",我们在今后的学习中还会逐步接触。


　　補足練習


一、下面的情况应该怎么说?

（1）我想知道青少年喜欢这种题材的电视剧的理由是什么。＿＿＿＿＿＿。

（2）这大概就是年轻人喜欢这种工作的理由吧。＿＿＿＿＿＿＿。

（3）调查结果表明,这种想法是占第一位的。＿＿＿＿＿＿＿。

二、按下列要求完成对话。

　　人物关系：A、B是同学。

　　场景：A采访了高年级同学毕业后的打算，A和B就采访的结果进行交谈。

A：我问了高年级同学毕业后的打算。　　　　B：大家都说什么了？

A：想继续读书的人最多。　　　　　　　　　B：是吗。接下来的呢？

A：是想工作。　　　　　　　　　　　　　　B：什么占第三位呢？

A：是想留学。　　　　　　　　　　　　　　B：你想过将来做什么吗？

A：我还没想。　　　　　　　　　　　　　　B：是呀，到时候再想吧。

---

　　○チャレンジ・コーナー

　　　　请你试着对你的同学就喜欢吃什么菜做一个调查，并把结果告诉大家。请尽量用出下列表达方式：

　　（1）～筆頭でした

　　（2）次いで、～と続きます。

　　（3）～ベスト・スリーに入りました

　　（4）～位／～パーセントを占めています

---

## 答　案

## 1. 课文译文

### 第22课　日本人和饮食生活

**文章**

　　NHK就日本人喜欢的饭菜做过调查。所谓喜欢的饭菜并不是指高档菜，而是指平时喜欢吃的饭菜。

　　调查结果表明，"生鱼片"被排在喜欢吃的食品中的第一位。继生鱼片之后，依次有：烤肉、煮蔬菜、寿司、烤鱼、炸什锦、咖喱饭等。

　　另外，口味还因男女而异。男性喜欢的食品是生鱼片、烤鱼、咖喱饭、日式牛肉火锅等，女性喜欢寿司、煮蔬菜、色拉、醋拌凉菜等。年轻人喜欢吃烤肉、咖喱饭、色拉、汉堡包、拉面、意大利式实心面等。

因地区的不同,口味也不一样。生鱼片居全国首位。可见日本人是如何喜欢在热乎乎的白米饭上放上生鱼片这一组合。在调查中,最为突出的特点是在北海道及东北地区,"生鱼片"的排名低于全国平均数,咖喱饭列入了前三名。在关东及中部地区,煮蔬菜很受欢迎,在中国地区是醋拌凉菜,在九州地区是日式牛肉火锅。

从整体上看,日本人没有特别喜欢的食物。说是喜欢生鱼片也只占到百分之十几。食物的爱好呈多样化。总的趋势是喜欢清淡的食品。

另外,有百分之八十五的人在吃的时候首先考虑到健康。他们关心的是"减少食盐"、"避开有添加剂的食品"、"增加钙和维生素"、"避免刺激性食品"、"控制糖分的摄入"、"控制动物性脂肪"等。


会话

石田(男)　　　中野(女)

石田:最近,NHK进行的有关日本人喜欢的食物的一个调查,你看了吗?

中野:看了。我觉得是一个很有意思的调查。明白了很多以前没有意识到的事。

石田:原来我一直不知道口味还因男女而异,因地区而异。

中野:生鱼片是日本人的最爱是可以想象得到的。

石田:战后,"中国菜"很盛行呀。饺子和拉面已经溶入了日本人的饮食生活中。

中野:是的。无论走到哪里,都有中餐馆。一到中午,工薪人员和女职员就挤满了餐馆。

石田:那是因为可以吃到物美价廉的炒饭和中式盖浇饭。

中野:也许是吧。不仅在外用餐,就是在家里做的家常菜也开始多样化,也有日餐、西餐、中餐。

石田:这么说来,即便在家里,晚饭也可以吃到炸什锦、色拉,或者炒饭加大酱汤等等,非常丰富多彩。

中野:在我家,早饭是面包和咖啡,而晚饭基本上是吃日餐。

石田:与日餐相比,年轻人似乎更喜欢吃西餐。

中野:烤肉、咖喱饭、色拉、汉堡包和意大利面条……好像的确喜欢吃西式的。

石田:年轻人另当别论,日本人还是喜欢清淡的食品。即便是中餐,也按日本人的口味,变得清淡了。

中野:是的,并不是喜欢油腻的食品。

石田:从调查结果看,有百分之八十五的人在吃的时候会选择健康食品。

2. 练习答案

一、(1)風邪　引　食欲

　　(2)女性　太　人　思

　　(3)店　安　人気　高

　　(4)豪華

　　(5)年齢　好　違

　　(6)食　物　好　多様化

　　(7)想像　事

　　(8)母　手料理

二、(1)① きた　きたかぜ　とうほく　ほっかいどう

　　　　② く／きゅう　ここの　くがつここのか　にじゅうくにち　くじ　きゅうしゅう

　　　　③ しら　ちょうさ　ちょうわ

　　　　④ あいだ　きゃくま　じかん　にんげん

　　　　⑤ からだ　ぜんたいてき　たいかく　しゅたい

　　(2)① ぜんこくてき　いちい　し

　　　　② さしみ　や　にく　やさい　にもの　や　ざかな　す　もの

　　　　③ はちじゅうごパーセント　けんこう　はいりょ

　　　　④ しょくえん　へ

　　　　⑤ てんかぶつ　はい　しげきぶつ　さ

　　　　⑥ とうぶん　どうぶつせいしぼう　ひか

　　　　⑦ うすあじ

　　　　⑧ わか　ひと　わしょく　ようしょく　す

三、(1)暖かに　　　　(2)暖かであれ　　　　(3)暖か

　　(4)暖かだろ　　　(5)暖かだっ　　　　(6)暖かさ

六、(1)豪華な料理ではなく、日常食べている料理の好みについてです

　　(2)あっさりしたものを好む

　　(3)環境保護の問題

　　(4)たくさんの人が並んでいる店

　　(5)日本人はあっさりとしたものがすきだということが分かります

七、日本人的饮食生活也随着时代的不同而发生了很大的变化。江户时代之前,肉食基本
　　不上餐桌。那是因为牲畜肮脏,牛和马是农耕和运输不可缺少的劳动力,是不能吃的。

到了明治后,来自外国的各种新鲜事物传入日本。在日本的年轻人之间,开始盛行吃欧美人喜欢的牛肉和中国人喜欢的猪肉。并且,欧美的烹调法和中国的烹调法逐渐地进入日本人的饮食生活中。牛肉盖饭和牛排上了餐桌,围着吃牛肉火锅,排队吃烤肉。在家里,咖喱饭、炸肉饼、蛋包饭等受到孩子们的欢迎。但是,开始吃饺子和拉面是战后的时候,而开业经营汉堡包和炸鸡等快餐食品则更晚。

　　的确,随着时代的推移,日本人的饮食生活已经多样化,但在四面环海的的环境中,海鲜类食品是日本人首选的原材料。他们有效利用原材料的烹饪理念——尊重原料的新鲜——依然不变。生鱼片、醋拌凉菜、寿司等是其代表性食品。

八、(1)外国留学生は中華料理が大好きです。

　　(2)留学生が一番好きな中華料理は餃子だそうです。

　　(3)留学生は中華料理が好きだというのは美味しくて安いからです。

　　(4)私はさっぱりしたものが好きで、油っこいものは嫌いです。

　　(5)甘いものは歯に悪いです。

　　(6)この調査で、日本人は白いご飯に刺身という組み合わせが一番好きだということが分かりました。

　　(7)かれは普段あまり焼肉を食べないが、好きでないというわけではない。

　　(8)私は最初のうちは刺身に慣れなかったが、その後好きになりました。

　　(9)普段果物や野菜をたくさん食べて動物性脂肪を控えることは健康にいいです。

　　(10)ダイエットのために動物性脂肪を控えるのは理解できますが、度が過ぎないようにしなさい。


3．补充练习答案

一、(1)若者がこのような題材のドラマを好む理由は何でしょうか。

　　(2)これが、若者がこのような仕事を好む理由だろうと思います。

　　(3)調査の結果、このような考え方を持った人は筆頭でした。

二、A：わたしは先輩たちに卒業後のことについて聞きました。

　　B：皆さんは何と言いましたか。

　　A：筆頭は続けて勉強したいと言った人たちでした。

　　B：そうですか。その次は何でしたか。

　　A：就職したいというのでした。

　　B：じゃあ、ベスト・スリーに入ったのは何でしたか。

Ａ：留学です。

Ａ：Ａさんは将来何をしたいか、考えましたか。

Ａ：まだ考えていません。

Ｂ：そうですね。そのときになったら考えましょう。

チャレンジ・コーナー（参考）

　クラスメートたちに好きな料理についてアンケートをしました。男女によって好み が違うだろうと思いましたが、意外なことに男女ともに「焼茄子」が筆頭でした。次い で、男性では「紅焼肉」、女性では「トマトと卵の炒め」と続きますが、「魚香肉糸」がベ スト・スリーに入りました。そのほかにもいろいろと料理の名前が挙げられましたが、 肉類の料理は70％以上占めています。みんなが若いから、肉類の料理が必要だという ことはわかりますが、健康のためにもう少し魚介類のものを食べてほしいと思いま した。

# 第 23 課

お中元

この課のポイント

コミュニケーション機能

　1. 义务、应该

　2. 拥挤（充满）

　3. 传闻

　4. 顺序

　5. 时间

　6. 数量（量词）

文法

　1. "ど～" 与 "～も" ②的呼应

　2. "もらう" 与 "～てもらう"

　3. "でなければ"

　4. 助词的重叠："とも" ②

　5. 可能助动词："れる"、"られる"

補足説明

一、コミュニケーション機能

关于 "そうだ" 和 "ということです"

　　日语里关于传闻的表达方式很多,在本课就同时出现了 "そうだ" 和 "ということで
す" 的用法。这两种表达形式都可以翻译成汉语的 "听说……"、"据说……" 等。那么,
它们在使用上有什么区别吗? 在本课文章的最后两段,交替出现了 "そうだ" 和 "という

ことです”的用法,从出现的频率看,"そうだ”出现了 4 次,"ということです”只出现了 1 次。这个现象从某种意义上说也体现了二者的细微区别。从意义上,这两种说法几乎可以互换使用,但 "そうだ” 更偏重口语或内容比较轻松的文章,而 "ということです” 更多见于文章中,语气比较郑重。请看以下例句:

（1）この間のシンポジウムには 200 人も集まったそうです。

（2）友達の話では、彼女は就職しないで続けて勉強することにしたそうです。

（3）気象庁の発表によると、今年の夏も暑いということだ。

（4）本で読んだのだが、固いコンクリートの上でばかり遊ぶのは子供たちの足によくないということだ。

（5）日本語の中の外来語は明治時代になって、急に増えたということだ。

以上例句中（1）、（2）多见于日常生活中,语气比较轻松;而（3）、（4）、（5）则更偏向文章用语,语气比较生硬。请大家注意这一区别,更恰当地使用它们。

## 二、文法

### 1. "もらう” 和 "～てもらう”

本课我们学习了授受动词 "もらう” 和 "もらう” 作为补助动词使用的 "～てもらう” 的用法。授受动词对于我们中国的日语学习者来说是一个比较陌生的概念,所以学习起来觉得有一定的困难。首先,我们应该建立起一个概念,授受动词本身含有受到恩惠的意思。如:

（1）友達に誕生日プレゼントをもらいました。/我从朋友那里得到了生日礼物(朋友给了我生日礼物)。

（2）彼女にしょうゆをとってもらいました。/我让她给我拿了酱油(她帮我拿了酱油)。

从以上两个例句就可以看出,翻译成汉语,这两种翻译方法都是可以的,或许括号里的译法更符合中国人的语言习惯。但是,如果你看到的是后一种汉语,你能翻译成这样的日语吗? 也许很多人会翻译成:

（1）友達はわたしに誕生日プレゼントをくれました。

（2）彼女はわたしにしょうゆをとってくれました。

当然,这样的日语也没有错,但（1）、（2）应该是更符合日本人的语言习惯的。这也正是我们使用 "もらう” 和 "～てもらう” 时应该特别注意的原因所在。

### 2. "れる”、"られる” 和 "ら抜き言葉”

本课我们学习了用"れる"、"られる"表示可能的用法。其变化的规则是五段活用动词（Ⅰ类动词）如"作る"要变成"作れる"；一段活用动词（Ⅱ类动词）如"起きる"要变成"起きられる"。サ变动词和カ变动词（Ⅲ类动词）要变成"できる"和"来られる"。但近年来经常听到把"起きられる"变成"起きれる"的说法，这就是"ら抜き言葉"，即"ら"不见了。同样经常听到的还有"食べれる"、"来れる"等等，而且已经渐渐接近约定俗成。这并不奇怪，其实是正常的语言现象。当我们听到这种说法时应当有所了解。

## 補足練習

一、下面的情况应该怎么说？

（1）收到礼物的人必须时刻考虑要还礼。＿＿＿＿＿＿＿＿＿＿＿＿。

（2）商店里卖巧克力的专柜挤满了买东西的顾客。＿＿＿＿＿＿＿＿＿。

（3）听说送日用品是最受欢迎的。＿＿＿＿＿＿＿＿＿＿＿＿＿＿。

（4）听说过年最想得到的礼品是 CD。＿＿＿＿＿＿＿＿＿＿＿＿。

（5）以前与远方的人之间的联系主要是写信，现在大多是用电子邮件。

＿＿＿＿＿＿＿＿＿＿＿＿＿＿。

二、按下列要求完成对话。

人物关系：A、B 是同学。

场景：A、B 二人去给朋友买生日礼物。

A：一到星期天购物的人真多。　　　　　　B：去哪儿都很拥挤。

A：买什么好呀。　　　　　　　　　　　　B：我也不知道。看看再说吧。

A：小王喜欢唱歌。我们买这个新出的 CD 吧。　B：好吧。

A：要是你的话，你想要什么。　　　　　　B：我也不知道。收了礼品要时刻想着还，还不如不要礼品。

A：我也这么认为。　　　　　　　　　　　B：那，到我们过生日的时候就不收礼品。

A：好啊。就这么决定了。

○チャレンジ・コーナー
　　　请你试着说说现在年轻人的送礼习惯。请尽量用出下列
表达方式：
　（1）～なくちゃならない
　（2）～ということです（そうです）。
　（3）～がトップです

## 答　案

### 1．课文译文
第23课　中元节礼物

**文章**

　　我来日本已经三个月了。从高年级同学那儿听到了"中元节礼物"和"年终礼物"这二个词。日本自古以来就有一个习惯，就是每年两次给平时关照过自己的人送礼物。盂兰盆节的礼物称为中元节礼物，年末时送的礼称为年终礼物。

　　因此，我决定给经常关照我的大学老师和房东阿姨送中元节礼物。并决定送给老师中国茶，送给房东阿姨一盒肥皂。茶是从中国带来的，而肥皂没有。于是去百货店买。

　　中元节期间的百货店，非常拥挤。每个百货店都在搞中元节促销活动，以提高营业额。所以每年一到这个季节，各个百货商场都设有专柜，吸引消费者。

　　据说日本人在中元节和年末最想收到的礼品当中，购物券列在榜首。但实际收到的往往是可长期保存的食品，如罐头、酱油、食用油等，以及毛巾、肥皂等日用品。

　　据说，以前中元节礼物和年终礼物都是自己直接送去的，而现在可以委托百货商店等办理了。如今流通业发达了，生鲜食品也能送了。过去非产地就吃不着的河豚、螃蟹等鳞介类，还有甜瓜、桃等水果都可以直接从其产地送货上门，据说也十分受欢迎。

**会话**

　　池田（女）　　田村（男）
池田：昨天去百货商店，人非常多。

田村：是吧。因为正是送中元节礼物的季节。

池田：也有人一边看名单一边订货。

田村：那肯定是要送的人多呗。

池田：不过，我觉得接受礼物是件高兴的事，但也有麻烦的地方。

田村：为什么？

池田：不是吗，接受礼物的人还要操心还礼吧。

田村：那倒也是。

池田：再加上，有时候并不想送礼，但出于情面也得送。

田村：也许有你说的这种人吧。

池田：每年要送中元节礼物、年终礼物、生日礼物、圣诞礼物，再加上母亲节、父亲节。

田村：而且，升学、毕业、就职、结婚、生孩子时也要送礼。

池田：是的。一年中光想着送礼的事。

田村：又送礼又还礼真够麻烦的。

池田：最近情人节及白色情人节这一外国风习也传开了。

田村：是的。一临近情人节，无论哪里，卖巧克力的柜台就会挤满了年轻女士。

池田：知道"情面巧克力"这个词吗？

田村：有意思。不过，在日本还有"情面"这种传统思想之类的东西，真奇怪呀。

池田：是呀。日本人到什么时候才能从"情面"中解放出来呢？

2．练习答案

一、（1）日　世話　先輩　中元　贈

　　（2）十二月　歳暮

　　（3）長持　食品　日用品

　　（4）一番　喜　商品券

　　（5）流通機関　発達　便利

二、（1）①なか　ちゅうごく　ちゅうげん

　　　　②はなし　むかしばなし　はな　せわ　かいわ　わだい

　　　　③おお　たようか　たもくてき　たしょう　ざった

　　　　④むす　れんけつ　けっか　けっこん

　　　　⑤み　み　けんがく　いけん　けんかい

　　（2）①ぎょかいるい　せいせんしょくひん　さんちちょくそう　にんき

②ぎり　ばあい

③けいざいてき　じつようてき　えら

④さいきん　がいらい　しゅうかん　ひろ　き

四、(1)

| | 行ける | 行けない |
|---|---|---|
| | 書ける | 書けない |
| | 泳げる | 泳げない |
| | 話せる | 話せない |
| | 読める | 読めない |
| | 飲める | 飲めない |
| | 休める | 休めない |
| | 入れる | 入れない |
| | 作れる | 作れない |
| | 乗れる | 乗れない |
| | 帰れる | 帰れない |
| | 買える | 買えない |

(2)

| | 降りられる | 降りられない |
|---|---|---|
| | 着られる | 着られない |
| | 用いられる | 用いられない |
| | 入れられる | 入れられない |
| | 考えられる | 考えられない |
| | 答えられる | 答えられない |

五、(1)へ；を；に

　　(2)も；で

　　(3)は；に；を

　　(4)の；を；は

　　(5)への；が

　　(6)が；ば；ほど；は

　　(7)の；は；の；で

　　(8)けれど；で；も

十、中元节礼物和年终礼物原来都是把供给神佛的大米、年糕和鱼等物送给亲朋好友的

一项宗教活动。如今,它已失去原来的宗教意义,而变成了一种习惯,很多人只是向关照过自己的人送礼以表示感谢之意。

也有人呼吁"要废除这种习惯",但实际上一点也没有要取消的迹象。

十一、(1)王さんは百メートル泳げますが私は二十メートルしか泳げません。

(2)日本語はすこし話せますが書けません。

(3)お中元やお歳暮は、以前、みな自分で直接持って行きましたが、最近はデパートなどに頼めるようになりました。

(4)流通機関が発達したので、今まで送れなかった新鮮な果物や魚介類なども直接その地方から送れるようになりました。

(5)バレンタイン・デーになると、デパートはチョコレートを買う若い女性でいっぱいです。


## 3. 补充练习答案

一、(1)プレゼントをもらった人はいつもそのお返しを考えなくちゃならない。

(2)デパートのチョコレートのコーナーでは買い物客でいっぱいです。

(3)日常用品はいちばん喜ばれるそうです(ということです)。

(4)お正月にいちばんもらいたいものは CD だそうです。

(5)以前は遠くにいる人と連絡するとき、手紙を書かなくちゃならなかったですが、今は、たいてい E メールです。

二、A:日曜日になると買い物客が本当に多いですね。

B:どこへ行っても人でいっぱいですね。

A:何を買ったらいいですか。

B:何がいいかわたしにも分かりません。見てから決めましょう。

A:王さんは歌うのが好きですから、この新しく出た CD を買いましょう。

B:そうしましょう。

A:あなただったらなにがいいですか。

B:そうですね。プレゼントをもらったらそのお返しも考えなくちゃならないから、もらわないほうがいいと思います。

A:わたしもそう思います。

B:じゃ、わたしたちの誕生日のとき、なにももらわないことにしましょう。

A:決めた。そうしましょう。

## チャレンジ・コーナー（参考）

　若者の普段の生活の中では、贈り物をしなくちゃならないことは何と言っても友達の誕生日にプレゼントを贈ることだそうです。プレゼントの候補としてはいろいろ考えられますが、花がトップだそうです。特に男性が女性に贈る場合は花が一番無難でしょう。女性同士の場合、値段より、気の利いた品物のほうが喜ばれるそうです。例えば、携帯につけるものとか、CD とかがあげられます。

　日本にはまだ「義理」という古い考えがありますが、そこから解放されて、真心をこめたプレゼントを贈りたいと思います。

# 第 24 課
# 自動販売機

この課のポイント

コミュニケーション機能

 1. 时间

 2. 转折

 3. 劝诱、说服

 4. 条件

 5. 计算（限定的范围）

 6. 感觉

文法

 1. 形式名词："もの"

 2. 副助词："さえ"

 3. 接续助词："なら"

 4. 接尾词："らしい"

 5. 日语句法初步②

## 補足説明

コミュニケーション機能

1. "ところが" 的用法

　　"ところが" 是接续词,表示转折的意思。到目前为止,我们学过的表示转折意思的
接续词还有:"しかし"、"でも"、"けれども"、"それなのに"。这些词的用法和意义都很接
近,大多情况下是可以互换使用的,只是语感上,有的在文体上略有区别,需要我们在学习

中仔细体会。请看下列例句：

（1）人柄はいい。しかし育ちが悪い。

（2）物価が上がった。しかし月給は上がらない。

（3）鯨は海に住む。けれども魚ではない。

（4）あの人に何度も手紙を出した。でも一度も返事をもらっていない。

（5）十分な手当てをした。それなのにこの子は死んでしまった。

正象例（1）、（2）那样，"しかし"更倾向于表示两个可以对比的事物。从"人柄"很容易联想到"育ち"；提到"物価"很自然联系到"月給"。这是"しかし"比较典型的用法，其次在文体上，"しかし"既可以用于文章，也可以用于口语，但这里的口语更偏重比较正式的场合。

与之相比，"でも"、"けれども"、"それなのに"在文体上多用于口语，特别是"でも"，几乎不太出现在文章里。从意义上，这三个词更偏重用于叙述超出预想之外的事情。如：按照常理住在海里的肯定是鱼类，但"鯨"就不是；我已经"何度も手紙を出した"，按说总该回一封的，但是结果是"一度も返事をもらっていない"。同样，既然"十分な手当てをした"，按理说应该救活，但是相反"この子は死んでしまった"。

"ところが"在表示预想之外这点上与这三个词接近。但"ところが"还更倾向于身临其境，叙述当时发生的事情。如课文中出现的，人人都认为自动售货机是不会说话的，但是买过东西后突然响起了声音。这一特点请大家通过教科书P.139的例句进一步体会。在文体上"ところが"既可以用于文章体，也可以用于口语。请再看几个例句：

（1）きっと優勝するだろうと思っていた。ところが、十位以内にも入らなかった。

（2）集合時間はもう過ぎている。ところが、彼はまだ来ない。

（3）この事件は簡単に解決すると思われていた。ところが、一年経った今なお未
　　　解決のままだ。

以上提及的几个表示转折的接续词都可以翻译成汉语的"然而"、"可是"、"但是"、"只是"、"不过"，所以容易混淆，希望引起大家的重视。

2. "～ほうがいい"的用法

教科书中把它归为"劝诱、说服"的用法之中。其实它是通过阐述自己的观点，间接地进行劝诱和说服，是一种比较委婉的表达方式，也是日本人比较喜欢的说法之一。例如：

（1）やるなら、ちゃんと計画を立ててやったほうがいいですよ。

（2）やめるなら、その後のことをきちんと考えたほうがいいでしょう。

以上两个例句都是说话人在说自己的观点，但既然面对听者，自然有他的用意所在。

言外之意正是想通过说明自己的观点来劝诱、说服对方。

一、下面的情况应该怎么说?

(1)去别人家拜访时还是先打个电话为好。＿＿＿＿＿＿＿＿＿＿＿＿＿＿

(2)要去就赶快去买票。＿＿＿＿＿＿＿＿＿＿＿＿＿＿＿＿＿＿＿＿＿＿

(3)我觉得这学期比任何时候都快。＿＿＿＿＿＿＿＿＿＿＿＿＿＿＿＿＿

(4)你总一个人呆在房间不觉得寂寞吗?＿＿＿＿＿＿＿＿＿＿＿＿＿＿＿


二、按下列要求完成对话。

　　人物关系:A、B是同学。

　　A想平日也去打工,B劝他平日打工会影响休息,不利于学习,还是利用假期去打工。
请使用"～ほうがいい"等。


　　　┌─────────────────────────────────┐
　　　│　○チャレンジ・コーナー
　　　│
　　　│　　请谈一谈你对自动售货机的看法。
　　　│　　请尽量用到以下表达方式:
　　　│　　(1)～ほうがいい
　　　│　　(2)～ような気がする
　　　└─────────────────────────────────┘


答　案

1. 课文译文
第24课　自动售货机


文章

　　现在许多国家自动售货机都很普及。特别是在日本的普及程度更为惊人。据说连猴
子都能拣起人丢掉的百元硬币,买自动售货机的罐装果汁喝。从电车票、音乐会入场券到

方便面、干电池、杂志都可用自动售货机买到。不用说"给我拿这个"或"多少钱？"

购物一般在超市就可以了。在收银台不用说话就可付款。电费、煤气费、水费也通过银行转账，所以不必与收款人说话。单身生活的人，晚上睡觉前一想起一天的生活，才意识到整整一天没有和任何人说过一句话。于是，没事也给朋友打电话也是常有的事。的确是一个无声的时代。

可是，最近出现了一种放进钱后就会说"谢谢"的自动售货机。制造这个机器的人大概是要安慰一下生活在无声世界的人们吧。但实际上效果适得其反。深夜，在无人的街口，当啷一声投进百元硬币，接着一罐果汁咣当一声出来了，刚要离去时，后面传来了一声女性的声音"谢谢"，这是多么地令人害怕呀。机器突然变成了人，弄得人张皇失措。机器就该像机器，还是不出声音为好。如果要发出声音的话，我想还是让它发出乐曲声比较好。

## 会话

山田(女)　　原田(男)

山田：昨晚的电视，你看了吗？猴子喝罐装果汁。

原田：有人没喝完给它的吧。

山田：不是，是猴子自己在自动售货机买的。

原田：啊？有人教它的吧。

山田：也许是看到了人是那样买的。

原田：因此，学会了捡起掉在地上的硬币，买东西的吧。

山田：猴子真是聪明。不过，你不觉得人也象猴子吗？

原田：为什么？

山田：因为中午饭我也是吃自动售货机的拉面，只需投进百元硬币就可以了，不是吗。

原田：那也不是每次吧。不过我中午也是在食堂的自动售货机买饭票吃饭。

山田：是的。最近我去别的公司办事时，有的地方也提供罐装果汁的。

原田：是自动售货机的？你要那么说的话，咖啡也可以在自动售货机上买的。

山田：不过，好像很方便，但没意思。我觉得好像一天到晚与机器生活在一起似的。

原田：的确如此。那么说来，买地铁票，买中午的拉面，在超市买东西都不需要说话。

山田：不过，那不是很寂寞的吗？一天都不和别人说一句话……。

原田：是啊。社会逐渐自动化，在公司，也是打卡上下班，通过扩音器接受训话，不用与任何人说话，就可结束一天的生活，真让人受不了。

山田：是的。男女都一样呀。多么可悲啊。

2. 练习答案

一、（1）自動販売機　増　便利

　　（2）普及　人間　生活　楽

　　（3）若　無声映画

　　（4）便利　味気

　　（5）後　不気味　声　聞

二、（1）① ともだち　ゆうじん　ゆうこう　しんゆう

　　　　② まえ　なまえ　いぜん　ぜんご

　　　　③ こえ　おおごえ　むせい　めいせい

　　　　④ たの　らく　らくえん　がっき　がくたい　おんがく

　　　　⑤ き　き　ぎゃくこうか　じこう

　　（2）① いちにちじゅう　だれ　くち　さび

　　　　② きのう　やおや　まえ　ひゃくえんだま　ひろ

　　　　③ しゅうきんにん　りょうきん　あつ

　　　　④ きょう　こんどう　まずら　わふく　き

三、（1）たぶん　　　（2）まるで　　　（3）どうして　　　（4）もちろん

　　（5）ずっと　　　（6）もっと　　　（7）はっきり　　　（8）ふと

六、（1）サルでも自分で自動販売機で缶ジュースを買ったそうです

　　（2）そういう話

　　（3）日本で生活できます

　　（4）一日中誰とも話さなかったことに気が付きます

　　（5）缶ジュースが出ます

　　（6）地下鉄の切符を買おうとすると、財布が無くなったこと

　　（7）こういうことはみんなに話す

　　（8）大学ぐらいは卒業しておいた

七、（1）现在，所有东西都可在自动售货机上买，非常方便。

　　（2）说到将百元硬币投进自动售货机买面条吃，可以说人与猴子没什么两样。

　　（3）仅限于使用机器来看的话，也许人与猴是一样的。

　　（4）自动售货机之类的机器是人制造的，猴是无论如何也制造不出来的。

　　（5）不管它有多么聪明，猴子就是猴子，而不是人。

八、（1）サルでさえも自分で自動販売機で缶ジュースを買って飲むそうです。

（2）自動販売機で買う時、言葉は要りません。ただコインを入れるだけです。

（3）一日中、誰とも口を利かないのはとても寂しいものです。

（4）お昼は食堂へ行かずに自動販売機のラーメンを食べました。


3. 补充练习答案

一、（1）訪問する前に電話しておいたほうがいいですよ。

（2）行くのなら、早くチケットを買いに行きなさい。

（3）今学期はいつもより早く過ぎたような気がする。

（4）いつも一人で部屋にいて、寂しくありませんか。

二、A：ウィークデーもアルバイトしようと思う。

B：ウィークデーにアルバイトすると、休めなくなるんじゃない。そうしたら勉強に影響するよ。

A：そうだけど、土日だけだと、やはり経済的にきつく感じるから。

B：それでも、がまんして。夏休みになったら毎日したほうがいいんじゃない。

A：そうだね。そうしよう。


チャレンジ・コーナー（参考）

　最近、中国でも自動販売機が多くなりました。確かに便利ですが、少し寂しいような気もします。というのは、普通のように買い物をするのなら、売店の人と会話をしながらものを買いますが、自動販売機だと、お金を入れるだけで済みます。温かみを感じません。何とかして、人間同士のコミュニケーションの機会をたくさん持ったほうがいいでしょう。本文のように自動販売機に声を出させていますが、ほかに方法がないかと考えてみたいです。

# 第 25 課

## 余暇

## 補足説明

**文法**

1. "ないで" 和 "なくて" 的区别

本课的"ないで"被归类在"接续助词"里,但它的用法与其它接续助词不同,主要的用法是作状语修饰后面的动作、行为。请看下面的例句:

(1)朝ごはんを食べないで来たので、おなかがすいた。

(2)彼は誰にもあいさつしないで教室に入ってきた。

(3)名前を書かないで出したので、誰が書いたのか分からないでしょう。

以上例句的画线部分翻译成汉语是:(1)没吃早饭就来了;(2)和谁都不打招呼就进了教室;(3)没写名字就交了。如上所述,"～ないで"的部分修饰的是后面"来"、"进教室"、"交"的部分,是这些动作呈现的方式。与"ないで"形式上相近的有"なくて"的用法,在日常会话中经常容易出现误用,希望引起大家的注意。请看下面的例句:

(4)先生の講義はおもしろくなくて、居眠りを始めたものさえいた。

(5)犯人は彼ではなくて、別の人物だった。

(6)友達が来なくて、じりじりしている。

以上例句的画线部分翻译成汉语是:(4)老师讲的没有什么意思(无聊);(5)犯人不是他;(6)朋友没有来。例(4)接在形容词后面,表示的是原因;例(5)是"です"的否定,表示的是并列;例(6)接在动词后面,表示的是原因。由此可见"なくて"表示的是原因和并列。

2.“～ていない”和“しない”的区别

本课学习了"～ていない"的用法,虽然它的形式是否定形,但它表示的是某一动作尚未进行或某一状态还未出现。所以,它经常与"まだ"呼应使用。这点与"しない"不同,"しない"表示的是否定,表现的是人的意志。例如:

(1)今日のパーティーに行かないよ。

(1′)今日のパーティーにまだ行っていないよ。

(1)表示的是说话人的意志,即:我不参加今天的聚会。(1′)说的是现在还没有动身前往聚会,也许马上就会动身。再如:

(2)今度のレポートは出さない。

(2′)今度のレポートはまだ出していない。

这组例句也同样,(2)表现的是说话人的意志,不准备提交小论文。而(2′)则是目前还没有交,但完成后肯定是要提交的。

所以,同样是以"ない"结尾,但"～ていない"和"しない"所表示的意思还是有很大不同的。

## 補足練習

一、请在下面的句子的( )中填入 "ないで" 或 "なくて"。

(1)本を見(　　　　　)答えてください。

(2)まだメンバーが十分集まら(　　　　　)、会議が始まらない。

(3)雨が降ら(　　　　　)、作物が枯れそうになる。

(4)彼女が人が止めるのも聞か(　　　　　)出て行った。

(5)その部屋は窓が(　　　　　)、明るく(　　　　　)、とても住む気になれなかった。

(6)私のほうでも深く聞か(　　　　　)おいた。


二、翻译下面的句子。

(1)我是不会和他一起去的。

(2)我做的计划还没有完成。

(3)他说再也不会做那样的傻事了。

(4)我还没有告诉他我的想法。


三、下面的情况应该怎么说?

(1)请大家每个人做一个 3 分钟的自我介绍。＿＿＿＿＿＿＿＿＿＿＿＿

(2)调查的结果,我们班的同学每周平均要上 40 个小时的课。＿＿＿＿＿＿

(3)因此大家都感到精神上很疲劳。＿＿＿＿＿＿＿＿＿＿＿＿＿＿＿

(4)打工的经验会对平时的生活有帮助。＿＿＿＿＿＿＿＿＿＿＿＿

(5)随着社会的进步,人们的价值观也在不断改变。＿＿＿＿＿＿＿＿

(6)你每天下课后都做些什么事情。＿＿＿＿＿＿＿＿＿＿＿＿＿

(7)我们每天课都很多,特别是一、二年级的学生。＿＿＿＿＿＿＿＿

(8)请每隔 10 米做一个记号。＿＿＿＿＿＿＿＿＿＿＿＿＿＿＿＿


四、按下列要求完成对话。

人物关系:A、B 是同学。

两人谈论余暇的过法。

请用到：そのため　〜に役立つ　〜につれて　等。

---

○チャレンジ・コーナー
　　試着把补充练习四的两个人对话的内容以文章的形式表现出来。

---

## 答　案

### 1. 课文译文
第25课　业余时间

**文章**

　　从工作中解放出来的自由时间称为业余时间。日本在第二次世界大战后，劳动时间逐渐缩短，余暇增加了。周六休息的公司也增多了。另外，一年中还有两个星期左右的带薪休假、黄金周、中元节和年末的连休及新年假。始于六十年代的经济高速增长的结果，工人的收入增加，生活富裕了。因此才有可能把一部分开支用于业余活动。

　　业余时间和工作时间不同，它可自由支配。既可无所事事地度过，又可有计划地安排时间。如能好好地利用业余时间的话，可获得多方面的效果。如：①有益于消除疲劳，保持健康。②可以愉快地度过人生。③能够与他人加深交流。④能够掌握知识和学习文化等。

　　业余时间的利用因人而异。根据1980年的调查，在业余时间的利用方法中，最多的是在家里与家人一起看电视。但从1985年开始，看电视的时间逐渐减少，取而代之的是体育活动和个人爱好的时间增多了。体育运动中受欢迎的有棒球、体操、游泳和慢跑等。在爱好中，受欢迎的似乎是园艺、钓鱼、茶道、插花、裁剪技术等。

　　在年轻人、家庭主妇、六十岁以上的老人中，有很多人都在积极有效地利用余暇。但也有人不能充分有效地利用业余时间。三四十岁精力充沛的男性尤其是这样。也许是平时在工作单位过度疲劳的原因吧。

**会话**

　　野村（男）　　清水（女）
野村：随着生活水平的提高，人们开始考虑如何利用业余时间了。

清水：是的。那是因为生活富裕了，就可以把钱用于业余活动上了。

野村：不过，方式也是因人而异。

清水：是那样的。有全家去旅行的，还有进行体育运动的。

野村：还有不少人哪里也不去就在家看电视。

清水：根据1980年的调查，最多的是在家里与家人一起看电视。

野村：可是，从1985年开始，看电视的时间渐渐减少，用于体育运动和个人爱好的时间增加了。

清水：是吗。都做些什么体育运动呀？

野村：例如，棒球、体操、游泳和慢跑等。

清水：听说在个人爱好中最受欢迎的是园艺、钓鱼、茶道、插花、裁剪技术等。

野村：是的。在我的朋友当中，每到休息的时间，有的人去钓鱼，有的人去种菜。

清水：我的朋友经常给我带来地里产的萝卜、西红柿等等。

野村：确实，业余时间利用得好的话，可以取得各方面的收获。


2. 练习答案

一、（1）收入　增　生活　出　余暇　活动　支出　一部　回

　　（2）野球　体操　水泳　趣味　園芸　釣　茶道　生け花　洋裁　人気

　　（3）経済　高度成長　人々　水準　高

　　（4）知識　教養

二、（1）①やす　やす　やす　きゅうか　ていきゅう　れんきゅう

　　　　②し　ものし　ちしき　つうち　ちじん

　　　　③おし　きょうしつ　きょうよう

　　　　④みず　の　みず　すいじゅん　すいぶん　かいすい

　　　　⑤あじ　あじ　しゅみ　いみ

　　（2）①れんきゅう　　りよう　　おんせん

　　　　②じんせい　　ゆういぎ　　す

　　　　③さんじゅうだい　よんじゅうだい　はたら　ざか　おとこ　いそが　やす
　　　　　　じゅうぶん　やす

　　　　④まいねん / まいとし　いっしゅうかん　ゆうきゅうきゅうか　ぼんく
　　　　　　れんきゅう　　しょうがつやす

　　　　⑤せんきゅうひゃくろくじゅうねん　せんきゅうひゃくはちじゅうよねん

せんきゅうひゃくきゅうじゅうよねん
⑥ に、さんにち　さん、よにん　ご、ろくねん　しち、はちまい

三、

|  | 聞いて | 聞かない | 聞かないで |
|---|---|---|---|
| 歩く |  | 歩かない | 歩かないで |
| 書く | 書いて |  | 書かないで |
| 脱ぐ | 脱いで | 脱がない |  |
| 話して | 話さない | 話さないで |  |
| 呼ぶ |  | 呼ばない | 呼ばないで |
| 飲む | 飲んで |  | 飲まないで |
| 読む | 読んで | 読まない |  |
|  | 走って | 走らない | 走らないで |
| 帰る |  | 帰らない | 帰らないで |
| 使う | 使って |  | 使わないで |
| 言う | 言って | 言わない |  |
|  | 考えて | 考えない | 考えないで |
| 食べる |  | 食べない | 食べないで |
| 寝る | 寝て |  | 寝ないで |
| 見る | 見て | 見ない |  |
|  | 入って | 入らない | 入らないで |
| する |  | しない | しないで |
| 来る | 来て |  | 来ないで |

四、（1）のに；は；か；も；ないで
　（2）から；は；で；と；を；が
　（3）で；が；や；や；など
　（4）の；で；が；や；など；と
　（5）と；に；て
　（6）で；ぐらい；を
　（7）に；の；を；ほど
　（8）が；を；で
　（9）ば；ほど
　（10）は；に；ずつ

八、（1）もう日本語で電話をかけること

（2）生活習慣／余暇の過ごし方

（3）あの先生は、生徒

（4）四年生は卒業後の進路／健康

（5）一日中、図書館で勉強しています／家でテレビを見ています

（6）老人も参加したそうです

（7）生活はもっと便利になります／話をするチャンスが少なくなります

（8）学生たちは故郷に帰ります

九、（1）业余时间的利用因人而异。有的人参加社会福利等志愿者活动,而有的人进行体育运动、学艺、旅行、读书、游戏、与朋友交际、园艺、收集、手工艺、钓鱼等活动。

（2）三四十岁精力充沛的男性,带薪休假也只休一半的时间,还有不少人有时间也只是在家休息。以工作为中心而生活,就不能轻松地度过业余时间。合理地安排工作和业余时间,似乎有一定的难度。

十、（1）人々の生活水準の向上につれて、余暇の生活は豊かになります。

（2）余暇は、仕事をしている時間と違って、趣味にしたがって自由に使えます。

（3）余暇を上手に使えば、大きな成果をあげることができます。

（4）王先生は定年で退職してから、庭で野菜を作ったり釣りをしたりして、楽しく生活しています。

（5）私たちは、計画的に余暇を使うべきで、時間を決して無駄にしてはいけません。


3. 补充练习答案

一、（1）ないで　　　　　（2）なくて　　　　　（3）なくて

（4）ないで　　　　　（5）なくて；なくて　　　（6）ないで

二、（1）私は彼と一緒に行かないよ。

（2）私が立てたプランはまだ完成されていない。

（3）二度とこんな馬鹿なことはしないと彼は言っている。

（4）私はまだ自分の考えを彼に話していない。

三、（1）一人3分間ずつ自己紹介をしてください。

（2）調査の結果、私たちのクラスの皆さんは平均して、週に40時間の授業を受けていることになる。

（3）そのため、みんなストレスを感じている。

（4）アルバイトの経験はきっとふだんの生活に役立っている。

（5）社会の進歩につれて、人々の価値観も変わってくる。

（6）あなたは毎日放課後、どんなことをしていますか。

（7）私たちは毎日たくさんの授業を受けます。特に一、二年生の場合。

（8）10 メートルごとに印をつけてください。

四、A：いよいよ夏休みだね。何するの？

　　B：やることはいっぱいあるけど、まず旅行したいんだ。

　　A：生活がよくなるにつれて、旅行の機会も多くなったね。

　　B：ええ。いろいろなところを見ることは社会経験を豊富にすることにも役立つ
　　　　よね。

　　A：そうだね。どこへ行くの。

　　B：私は北に生まれ、育ったので、南のほうへ行ってみたいんだ。

　　A：ずいぶんお金がかかりそうだけど、どうするの。

　　B：だから、そのために今から休みの日にアルバイトをしているんだ。

　　A：それはいいことだね。


チャレンジ・コーナー（参考）

　二人は夏休みの計画について話している。Bさんはやることがいっぱいあるが、ま
ず旅行したいと言っている。Aさんは生活がよくなるにつれて、旅行の機会が多くな
ったと感嘆したが、それは社会経験を豊富にすることにも役立つとBさんは補ってい
る。Bさんは北に生まれ、育ったので、南のほうへ行ってみるつもりでいる。そのため
の費用はどうするかとAさんが聞いたら、Bさんは「そのために今から休みの日にア
ルバイトをしているんだ」と答えた。

# 第 26 課

## 早く、早く！

---

**この課のポイント**

コミュニケーション機能

  1. 时间（时段、频度）

  2. 比喻

  3. 命令、要求、请求

  4. 吃惊

  5. 感觉

  6. 同时

  7. 踌躇

  8. 命名、定义

文法

  1. 副助词："まで"

  2. 接续助词："ないで" ②

  3. 样态助动词："そうな"

  4. 提示助词："って"

  5. 接续助词："と"

---

## 補足説明

一、コミュニケーション機能

1. "うちに"的用法

    "うちに"是一个使用频率很高的表达方法。它表示一个时段，经常与"～てくださ

い"、"～たほうがいい"、"～なければならない" 等呼应使用。意为 "趁着……请(……为好；一定)"、"在……期间内……",表示说话人的提议、愿望等。例如：

（1）明るいうちに帰るから、心配しないでください。

（2）鉄は熱いうちに打たなければならない。

（3）冷めないうちに食べたほうがおいしいよ。

（4）彼女は拍手のうちに壇上から下りた。

（5）わかいうちにたくさん勉強しておきなさい。

（6）誰にも気づかれないうちに出なければなりません。

2. "今に" 的用法

在本课是表示时间的用法,翻译成汉语是 "过一会儿"、"马上"、"就要" 等意。同时,它还有一种意义,表示某种紧迫感。例如：

（1）いまに私の言うとおりになるよ。

（2）今に後悔するぞ。

例（1）说的是马上就要形成的某种情况,它带有紧迫感,言外之意是如不听我的就会有不好的结果出现。例（2）表示的是警告,带有威胁的口气。

3. "まるで～みたい" 的用法

我们在教科书中把这个用法归纳为 "比喻",正是因为有了 "まるで",称为比喻才更加确切。如果从 "みたい" 本身的意义来看,教科书 P.171 的例句中 "コンピューターの端子みたいな～" 应该理解为例示,"誰か来たみたいだ" 应理解为推断,"まるで飛んでいるみたいだ" 是真正的比喻。翻译成 "真好像……",比较恰当。因为不可能是事实,才用比喻的方式体现。例如：

（1）おじいさんは子供みたいにはしゃいだ。

（2）そのときのことはまだ夢みたいだ。

正因为 "おじいさん" 不可能是孩子,"そのときのこと" 也不是 "夢",才有必要用比喻的方式说明。

## 二、文法

### "そうな" 的用法

之所以叫样态助动词,是因为只有通过它外表的样子才能捕捉到。当说话人不能亲身感受到,而是通过其外表来推断的时候,就需要用 "そうな" 来表示了。如 "おいしそうな料理"、"嬉しそうな顔" 都是说话人从外表看到的或感觉到的情况,"雨が降りそう

な天気"也是抬头看去时的感觉。汉语在这点上不是很严格,如"他很高兴"这种说法是成立的。在用日语表达时要格外注意这样的问题。

## 補足練習

一、翻译下面的句子。

(1)她看上去很悲伤。

(2)他们两个人很高兴地交谈着。

(3)那位老师看上去很严厉,其实好像不是。

(4)她看上去好像很弱,实际上很坚强。

二、下面的情况应该怎么说?

(1)趁天还没黑,赶紧回家吧。_____

(2)我们正好是考试最忙的时候来打扰的。_____

(3)才刚4月份,就好象夏天一样。_____

(4)把我那份也吃了吧。_____

(5)社会真是非常复杂的。_____

三、按下列要求完成对话。

人物关系:A、B是同学。

两人谈论喜欢的杂志。

○チャレンジ・コーナー

　　在班里做一个调查,看看你们的父母对你们说得最多的是什么? 试着写一个小小的调查报告。请用出下列表达形式:

①～によると～そうだ

②頻度が高い

③かもしれない

## 答 案

### 1. 课文译文
第26课  快、快!

**文章**

日本的书店里摆放着各种杂志。有月刊杂志、周刊杂志、季刊杂志等。周刊杂志特别多。都比实际时间出得早。月刊也是如此,第10期的杂志不是10月份出版,而是9月份出版。有时8月份就会出版。所有的报道都是适于10月份的消息。如"10月的饮食"、"秋季时尚"、"秋季运动"、"读书的秋季"等等。读完后一睁眼,盛夏的阳光照得刺目。

电视中的广告节目也提前播出。天气还热的时候,就开始呼吁"天气要冷了,请大家备好取暖用具。"一过新年,就开始宣传女儿节陈列的偶人。媒体总是提前告诉人们四季的变化。同时体验现实的和宣传报道中的两个不同季节的生活,令人感到精神上又忙又累。

据一位心理学家的调查,在母亲对幼儿使用的词语中出现频率最高的是"快"。母亲总是催促孩子"快点儿起床"、"快点儿吃"、"快点儿换衣服"、"早点儿回家"。

现在不仅仅是幼儿,甚至连大人都被媒体的"快快"催赶着生活。"别急,慢点儿"这种声音太少听到了。难道我们要在快点儿做好下一个季节的准备、快点儿工作、快点儿预约娱乐活动中,度过一生吗?

**会话**

中野(男)  河村(女)

中野:那个是什么杂志?

河村:啊,这是烹调杂志。

中野:登载着许多看上去很好吃的菜的照片啊。

河野:是呀。漂亮吧。

中野:11月份的菜肴——啊! 现在不是才9月底吗?

河村:是呀,不过,杂志之类一般都出版得比较早。

中野:尽管如此,也有点太早了。

河村:是的。

中野：太早了，就不符合现实了。

河村：是的。特别是有关时装的信息，有时会觉得很怪。

中野：比如说？

河村：刚觉得凉快一点儿，就刊出了皮大衣的照片等。

中野：就好像被宣传催赶着一样。

河村：是的。电视里的广告也是如此。

中野：对了，你认为母亲对孩子说的话最常用的是什么？

河村：这个嘛……

中野：听说是"快点儿"。

河村：那么说，母亲的确会对很小的孩子说："快点儿，快点儿"啊！

中野：过去我母亲也经常这样说。

河村：这是我们从小就听惯的一句话。

中野：是的。啊，电车来了。

河村：马上就会有广播，广播里会说："请赶快上车"

中野：来啊，赶快上车吧。


## 2．练习答案

一、（1）電気器具店　冷蔵庫　洗濯機　並

　　（2）店　入　店員　中　案内

　　（3）大学生　使　言葉　一番　頻度　高　何

　　（4）寒　冷房器具　用意　呼

　　（5）九月号　雑誌　冬　料理　写真　載

二、（1）①もっと　さいきん　さいだい　さいせんたん

　　　　②まなつ　ま　なか　まごころ　しんけん　しゃしん

　　　　③よ　どくしょ　おんどく　とくほん

　　　　④か　か　たいへん　へんか

　　　　⑤こころ　おやごころ　かんしん　ちゅうしん　しんりがく

　　（2）①きょう　しょてん　しんかん　げっかんし　ぶんげいしゅんじゅう

　　　　②さんがつみっか　まつ　にんぎょう　かざ

　　　　③かれ　まふゆ　うみ　およ

　　　　④なつやす　おこ　しゃかいちょうさ　けいけん

⑤けいざいてき　せいしんてき

三、（1）のに；で；の；の；も

　　（2）は；より；か；に

　　（3）だけ；まで；で；を

　　（4）が；に；は；と

　　（5）から；まで；と

　　（6）から；まで；と；は；に

六、（1）学校が始まります

　　（2）毛皮のコートの宣伝が始まります

　　（3）先生もボランティア活動に参加しました

　　（4）これは一番簡単な環境保護になるの

　　（5）ちょっと早すぎます

　　（6）母親は小さい子供によく「早く、早く」と言いますね

　　（7）あした、雨が降る

　　（8）有名な大学で勉強できて、いい

　　（9）まだ寒いうちから、「そろそろ暑くなりますから冷房器具のご用意を」

　　（10）9月か10月です

七、（1）若いうちに勉強しておかないと、年取ってから後悔します。

　　（2）3月3日が過ぎたかと思うと、テレビのコマーシャルは鯉のぼりの宣伝を始めます。

　　（3）どんなことをしても、真心をこめなければなりません。

　　（4）無駄に一生を過ごさないよう時間を大切にしなければなりません。

　　（5）母親が子供に何をさせる時にも「早くしなさい」とせき立てているが、本当は
　　　　これは子どもにとって必ずしもいいことではない。


**3. 补充练习答案**

一、（1）彼女は悲しそうな顔をしています。

　　（2）あの二人はうれしそうに話し合っています。

　　（3）あの先生は厳しそうに見えますが、本当はそうではないようです。

　　（4）彼女は弱そうに見えますが、実は芯が強いです。

二、（1）暗くならないうちに早く帰りましょう。

　　（2）試験の一番忙しいときにお邪魔したみたいです。

（3）まだ4月なのに、まるで夏のようです。

（4）どうぞ、私の分まで食べてください。

（5）社会って複雑なものだ。

三、A：Bさんはよく雑誌を読みますね。

B：ええ。暇なときにいろいろ読んでいます。

A：どんなのをいちばんよく読むんですか。

B：そうですね。ファッションの雑誌とか、料理の雑誌などですね。

A：えっ、Bさんは料理が好きですか。

B：そうでもないですけど、色がきれいでしょう。おいしそうですし、……

A：それはそうですね。そう言えばファッションの雑誌も色がきれいですね。美人も多いし、……

B：それより、勉強で疲れたとき、色彩のいいものを見たほうがいい休みになると思いません?

A：なるほど。今度私も試してみます。いいのを紹介して。


## チャレンジ・コーナー（参考）

クラスでこんなアンケートをした。親が普段自分たちに言う言葉の中でいちばん使う頻度の高いものは何かという質問だった。答えやすいように大学に入る前と現在というふうに分けて答えてもらった。そうしたら面白い答えが返ってきた。皆さんの回答によると、大学に入る前は「よく勉強しなさい」で、大学に入ってからは、「体に気をつけて」と変わったそうだ。

たぶん親の心の中でも私たちを大学に入る前と現在とでは違うように思っているかもしれない。大学に入る前はまだ子ども扱いされていて、将来進む道を一々考えてくれただろう。将来のためにまず知識を学んでおくことが一番重要だから、そういうふうにいつも言ってくれたと思う。大学に入るのを節目に、大人扱いされるようになり、健康管理が基本で、後は自分の選んだ道を進んでいけばいいと考えているのだろう。だから言う言葉も変わったのだと思う。

こういうのは私の勝手な解釈かもしれないが、この親心を大切にしていきたい。

## 第 27 課

### 変わっていく日本の工業

この課のポイント

コミュニケーション機能

　1. 計量（近似）

　2. 空間描述（距离）

　3. 方法、手段

　4. 変化

　5. 例证

文法

　1. 表示判断的词语 "である"

　2. 被动助动词 "れる"、"られる" 与被动句

　3. 间投助词 "ね"

　4. 格助词 "って"

　5. 日语句法初步④

**補足説明**

一、コミュニケーション機能

"近く"、"遠く"、"多く" 的用法

　　"近く" 是表示空间描述的名词,本课学习了这种用法。与它意思相反的词有 "遠く",表示 "远方" 的意思。请看下列例句:

　　（1）遠くから誰かが来ている。

　　（2）遠くでは雷が鳴っている。

（3）遠くへ行くにつれて、彼の後姿がぼんやりになった。

因为我们在较早的时候学过了形容词"近い"和"遠い"，所以在上面的例句里很容易用成"遠いところ"，不能算错，但不如名词自然、经济。有以下成语，也可以顺便记一下：

遠くの親類より近くの他人／远亲不如近邻

还有一个与此类似的词，是"多く"。它不表示空间，但也是名词，表示"很多"、"大部分"等意思。因为同时也有形容词"多い"的形式，所以也一并介绍给大家。请看例句：

（1）中学生のときに多くの小説を読んだ。

（2）シンポジウムの参加者の多くは中日関係を研究する学者であった。

需要提醒大家的是以上例句中的"多くの小説"、"参加者の多く"是不能说成"多い小説"、"参加者の多い"的。如果想替换的话，需要说成"たくさんの本"、"参加者のほとんど"。

二、文法

被动态

本课我们学习了被动态的用法。被动态可以大分为两类：直接被动、间接被动。下面我们就分别做一介绍；

1. 直接被动

直接被动就是把主动句直接变成被动句的用法，主语既可以是有生命的人和动物，也可以是没有生命的事物。如：

（1）あの方は周りの人に尊敬されている。

（2）ねずみが猫に追いかけられている。

（3）第29回オリンピックは中国で行われることになっている。

（4）鉄鋼はいろいろなところに使われる。

它们的主动句应该是：

（1'）周りの人はあの方を尊敬している。

（2'）猫がねずみを追いかけている。

③④本来就是以事物为主语阐述的，所以不需要特别指出做事的人。（1）-（4）这类被动句中的动词都是他动词。

2. 间接被动

间接被动是由以下几种情况构成的：

（5）私は子供にカメラをこわされた。

（6）私は電車の中で足を踏まれた。

（7）私は雨に降られて、風邪を引いた。

　　这几个句子的"私"都是受害者，"孩子弄坏了我的照相机"、"别人踩了我的脚"、"雨淋着了我"，所以我们把这类的被动句叫"迷惑の受身／受害的被动句"。这类句子的主语大多是说话人，都是别人做的事情间接地伤害了自己，所以叫"间接被动句"。此类被动句中的动词既可以是他动词，也可以是自动词。

　　需要提醒大家注意的是我们经常可以看到以下的说法：

　　私のカメラは子供にこわされた。

　　这是不自然的，希望引起大家的注意。

## 補足練習

一、翻译下面的句子。

（1）他受到了老师的表扬。

（2）这个曲子是由他编写的。

（3）当时的事情一直流传到现在。

（4）刚才几个人的突然来访使我很狼狈。

（5）我的密码被不认识的人盗用了。

二、下面的情况应该怎么说？

（1）听说我们学校现在约有 4 万学生。＿＿＿＿＿＿＿＿＿＿

（2）新搬的家离车站很近，很方便。＿＿＿＿＿＿＿＿＿＿

（3）随着时代的变化，人们的价值观也发生了很大的变化。＿＿＿＿＿＿＿＿

（4）我说的这件事情仅是其中的一个例子。＿＿＿＿＿＿＿＿＿

（5）我认为这样可以，你是怎么想的？＿＿＿＿＿＿＿＿

三、按下列要求完成对话。

人物关系：A 、B 是同学。

两人谈论大学生就职观念的变化。

○チャレンジ・コーナー

　　談一談你在日常生活中电脑、手机的使用。请用出下列表达形式：

　　① 被动态

　　② 表示变化的句式。如：～が変わる　　～から～へと

　　③ 一例　例をあげる

## 答　案

### 1. 课文译文

第27课　不断变化的日本工业

**文章**

　　在日本，工业现代化始于距今约100多年前。第二次世界大战以前，日本工业的中心是织布纺纱的纺织业等轻工业。战后，钢铁、机械、肥料、塑料等重工业和化学工业成为中心。

　　在60年代的经济高度发展时期，生产重厚长大产品的钢铁业和造船业是日本工业的中心。尤其是钢铁用于各个领域，所以被成为"产业大米"。生产这种产品的工业一般都位于便于运输重厚长大的原材料和产品的港口附近。

　　可是，最近半导体又被称为"产业大米"。如用于电脑等电子产品的大规模集成电路（LSI）这样的轻薄短小产品的需求量猛增。"轻薄短小"成为了日本工业的中心。

　　LSI工厂不在港口附近，它一般在水质清澈、离高速路和机场较近的地方。LSI如水质不清澈的话，就不能生产。但是由于分量较轻，用飞机运输也不用花很大的费用。另外，都是机器人操作，所以也不需要很多的人力。

　　因此，最近建厂的用地条件发生了变化。以前在海边的"临海"工业很繁盛，而最近在机场附近的"临空"工业受到关注。

**会话**

和田（男）　李（女）

和田：你知道"产业大米"是指什么吗？

李　：“产业大米”? 不知道。是指什么样的大米?

和田：哈哈哈……。不是吃的大米。是指钢铁呀。钢铁用于各个领域。是经济发展不可
　　　缺少的东西,是吧。

李　：没错。建材和制造汽车都需要钢铁,所以被成为“产业大米”的呀。

和田：说钢铁是60年代经济高速发展的支柱也不为过。

李　：所以称为“产业大米”是理所当然的。

和田：不过,最近半导体又被称为“产业大米”。

李　：为什么?

和田：那是因为在60年代,钢铁业和造船业等是日本工业的中心,而现在LSI的需求量猛增。

李　：那是用于电脑等电子产品的吧。

和田：是的。这些东西成了现在的日本工业的中心。

李　：也就是说,随着工业中心的转移,“产业大米”的内容也发生了变化。

和田：是这样的。随着经济的增长,工业的质量和内容也不断发生着变化。比如由“重厚
　　　长大”到“轻薄短小”。

李　：由“临海”工业向“临空”工业的发展也是其中的一例吧。

和田：是的。我们不学习,就会落后于时代。


## 2. 练习答案

一、(1)日本　約　百年　前　工業　近代化　始

　　(2)戦前　布　糸　繊維工業　中心　戦後　鉄鋼　機械　肥料　重工業

　　(3)移行　工場　建　土地　条件

　　(4)以前　原材料　製品　運　便利　港　近　臨海　盛

　　(5)最近　注目　空港　臨空

二、(1)① おも　かさ　かさ　じゅうりょう　じゅうよう

　　　② みなと　みなとまち　くうこう　しゅっこう

　　　③ あつ　こうじょう　こうい

　　　④ こうじょう　じんこう　こうぎょう　くふう　さいく

　　　⑤ なが　なが　ちょうじょ　ちょうしょ　せいちょう

　　(2)① さんぎょう　こめ　ないよう　けいざい

　　　② じゅうこうちょうだい　けいはくたんしょう

　　　③ じどうしゃ　せいさん　せんきゅうひゃくろくじゅうねん　きゅうげき　ふ

げんざい　せかい　もっと　おお　くに

三、

| | 聞かれる | 聞かれた | 聞かれない | 聞かれなかった |
|---|---|---|---|---|
| 出す | | 出された | 出されない | 出されなかった |
| 運ぶ | 運ばれる | | 運ばれない | 運ばれなかった |
| 包む | 包まれる | 包まれた | | 包まれなかった |
| 読む | 読まれる | 読まれた | 読まれない | |
| | 作られる | 作られた | 作られない | 作られなかった |
| 言う | | 言われた | 言われない | 言われなかった |
| 用いる | 用いられる | | 用いられない | 用いられなかった |
| 仕切る | 仕切られる | 仕切られた | | 仕切られなかった |
| ほめる | ほめられる | ほめられた | ほめられない | |
| | せき立てられる | せき立てられた | せき立てられない | せき立てられなかった |
| 入れる | | 入れられた | 入れられない | 入れられなかった |

四、（1）の；と；は；て；て；て；を；や；の；から

　　（2）が；の；に；は；や；を；に；から

　　（3）の；の；など；と；が

　　（4）は；の；で；に；て

　　（5）で；の；が；て；を

　　（6）では；が；や；の；は；が

　　（7）の；の；は；に／で

　　（8）で；の；に；たり；の；なんか；と；が

八、（1）鉄鋼は、いろいろなところに使われるので「産業の米」

　　（2）環境保護の問題

　　（3）水と電気は、生活

　　（4）LSI が最近「産業の米」

　　（5）生活の内容も豊かになってゆきます

　　（6）紫外線に当たるとどんどん増えてくる

　　（7）よく勉強しなければならないと思います

　　（8）クラス全員も援助の手を差し伸べました

　　（9）今度の事故による死亡者は 1000 人を超えたそうです

　　（10）LSI は軽いので飛行機で運んでも

九、在经济上,将产业分为第一产业、第二产业、第三产业。第一产业是指农业、水产业和林业,是直接从大自然中获取物品。第二产业包括矿业、工业和建设业,主要是进行加工和建筑。第三产业是第一产业和第二产业以外的产业,是买卖物品的商业、服务业及信息业等。

　　　　一百年前的日本,大多数劳动的人都从事第一产业。经济发展了,在收入高于第一产业的第二和第三产业里工作的人越来越多了。这些人在城里工作。大批的农村人都到城里干活,所以农村人口减少,而人口集中到城里。国民生产总值的比例也是第三产业最高,现在日本的产业中心是第三产业了。

十、（1）彼をこの会社の支えだと言っても決して過言ではありません。

　　（2）LSI の工場は、高速道路や空港に近いところに建てなければなりません。

　　（3）LSI は、水がきれいでないと、作ることができません。

　　（4）スポーツ大会は来月の十五日に行われます。

　　（5）今は、危険な仕事や複雑な仕事は、ほとんどロボットがやります。


## 3. 补充练习答案

一、（1）彼は先生に褒められた。

　　（2）この曲は彼によって作られた。

　　（3）当時のことは今日まで言い伝えられてきた。

　　（4）さっき、急にあの人たちに来られて、たいへん困った。

　　（5）私は知らない人にパスワード（暗証番号）を盗まれ使われている。

二、（1）私たちの大学には現在学生が約四万人いるそうだ。

　　（2）新しく引っ越してきた家は駅に近くて、とても便利です。

　　（3）時代の変化につれて、人々の価値観も大きく変わった。

　　（4）私があげたのはその一例に過ぎない。

　　（5）私はこれでいいって思ったんですが、あなたはどう考えているのでしょうか。

三、A：先輩から聞いたんだけど、ほとんどの人は就職先が決まったそうだよ。

　　B：そうか、よかったね。だいたいどんなとこに就職するの？

　　A：日系企業や中日合弁会社のほうが多いようだけど。

　　B：考え方がずいぶん変わったようだね。前は政府機関が優先されていたんだけど、いまは企業へと変わったんだね。

　　A：その気持ちが分からないわけでもないけど、まずお金をためておくんだね。2,

　　　　3年のあとそのお金で留学するって考えている人が多いみたい。
　　　B：なるほど。僕たちが卒業するとき、どう変わるかまだ分からないね。

## チャレンジ・コーナー（参考）

　パソコンと携帯は私にとってすでになくてはならないものになってる。ある統計では、現在大学生が毎日やり取りする携帯のショート・メッセージは平均70ぐらいだそうだ。もちろん、人によって対応する量がずいぶん違うだろうが、連絡の仕方が変わったのが事実だといえる。手紙から電話へと変わる時代があったが、今はまさに携帯の時代だ。学生にとっては携帯で電話するよりやはりメッセージだ。何かあったら、周りに迷惑をかけない（電話だと声がうるさい）ですぐ連絡できる。これはほんの一例に過ぎない。

　宿題もそうだ。前はノートを使っていたが、今はメールで提出できる。先生との直接の対話もできる。宿題以外に自分の悩みについても先生に相談できるから、私はこのやり方が好きだ。なるべく先生に迷惑をかけないように心がけているが、あまりにも便利だから、つい先生に余計なことを言ってしまうことがある。これから気をつけるようにする。

　どんなことでもいい面ばかりではない。このような便利さに流されないように、節約できた時間をうまく利用してやりたいことを一生懸命にやっていきたい。

# 第 28 課

イベント

---

**この課のポイント**

コミュニケーション機能

1. 方法、手段
2. 意志、打算
3. 时间(时序)
4. 寒暄语
5. 命令、要求、请求
6. 涉及的(事物)范围

文法

1. "いただく"和"〜ていただく"
2. "として"的用法
3. 助词的重叠:"からは"
4. "〜ていらっしゃる"的用法
5. 副助词:"ばかり"
6. 自谦动词:"参る"

---

## 補足説明

一、コミュニケーション機能

"〜を通して"与"〜を通じて"的用法及意义

　　本课我们学习了"〜を通して"的用法,它表示通过某种媒介或手段学到知识和得到经验、结果等。如:

（1）秘書を通して、社長との面会を依頼した。

（2）あの二人は文通を通して縁が結ばれたそうだ。

（3）私はあの子に教えることを通して、逆に教えられたことが多かった。

以上例句中的"～を通して"可以理解为"という方法によって"的意思。例（1）可以理解为"まず秘書に会うという方法で"，例（2）为"文通という方法によって"，例（3）为"あの子に教えるということによって"的意思。

与这个表达方式看上去很接近的有"～を通じて"。"～を通じて"虽然译成汉语也是"通过……"，但更多地强调的是"经由"的意思。如：

（4）現地の情報は大使館を通じて得たのだ。

（5）書物を通じて得た知識だけでやるのは少し不安だ。

（6）あの人とは共通の友人を通じて知り合った。

以上例句更偏向于强调信息、知识等的来源，如例（4）、（5）都可以用"から"替代，（6）可以理解为"共通の友人からの紹介で"的意思。在很多情况下，这两种表达方式可以替换，但表达的意思有微妙的区别。

## 二、文法

### "～ていただく"的用法

本课我们学习了授受动词"いただく"和补助动词"～ていただく"的用法，这里我们主要补充一下"～ていただく"的用法。我们还学习过"～てもらう"的用法，这两个句式表达的意思相同，都用于受益者表达自己受到的恩惠。受益者为主语，表示从高于自己的人受到恩惠时用"～ていただく"，从对等的人受到恩惠时用"～てもらう"。这里我们主要讲"～ていただく"。请看下面的例句：

（1）先生から面接の時の注意事項をいろいろ教えていただきました。

（2）スピーチの原稿を先生に直していただきました。

（3）会社の様子を先輩に紹介していただきました。

除此之外，"～ていただく"还有以下的用法：

（4）ちょっと待ていただけますか。

（5）まずここで着替えていただきます。診察はその後で行います。

（6）明日、休ませていただきたいんですが。

例（4）表达的是请求之意，用的是可能的形式，还可以用"～ていただけませんか"，语气更加客气。例（5）表示的是指令，但语气非常客气。例（6）既是要求，又是请求，终

助词"が",即表示了说话人请求的意思,又留给对方回答的余地,是常用的表达方式。

## 補足練習

一、翻译下面的句子。

(1)我请老师帮我纠正了日语的发音。

(2)劳驾,您能帮我拍一下照片吗?

(3)请您先换上拖鞋,然后再请进。

(4)今天我想早一点回去,您看可以吗?

二、下面的情况应该怎么说?

(1)通过媒体我们当天就能知道世界各地的事情。_____

(2)我们决定这个暑假去农村教那里的孩子们学习。_____

(3)抱歉,请把您的手机号码写在这里。_____

(4)我们准备请您作为毕业生的代表参见当天的校庆活动。_____

(5)孩子们整天看的是影像,很少有读文字的机会。_____

三、按下列要求完成对话。

人物关系:A 学生、B 老师。

学生想请老师讲一下如何面临走入社会。

○チャレンジ・コーナー
　　　準备请日本使馆的官员来讲座。请考虑应如何预约,确定
　　时间、地点、演讲的题目等。注意敬语的使用。

## 答　案

1. 课文译文

第28课　活动

**文章**

在阳光台建起了新兴的大规模的住宅小区。这里的居民来自四面八方，互不相识。因此，住在同一住宅区的人们考虑要通过某种活动进行交流，加深相互间的理解。

一天晚上，在小区的会所，进行了协商。以杂货店老板的儿子——三浦健二为中心，组织了讨论。大家各抒己见。有人建议："搞个庙会，抬着轿子，很热闹。"还有人提议："搞个展览会或音乐会，怎么样？"

商量的结果，庙会虽说很有意思，但比起娱乐活动，还是搞文化活动更有意义。也就是说，想要创造一种地区文化，同时培养大家的集体意识。

具体来说，决定搞一次演讲会。演讲的内容不要那么严肃，要选大家感兴趣的，比较轻松的，而且是切身的话题。例如地区的历史、文化遗产、人际关系以及孩子教育等问题。

最后决定以新地区社会中的人际关系为题，请各方面的专家做报告，并决定采取专家报告后，可以自由提问的形式。

时间定于 10 月 22 日下午 1 点半。地点是阳光台地区文化中心的讲堂。

**会话**

——演讲会前的最后一次碰头会——

三浦（小区居民，男）　水上（小区居民，男）
北野（小区居民，女）　矢部（小区居民，男）
山田（小区居民，男）　原田（小区居民，男）

1

三浦：今天请大家来，主要就如何加深小区内人们的相互理解为题，听一听大家的想法。

水上：首先必须考虑的是要给大家提供一个聚会的机会。

北野：我同意你的意见。那咱们以什么名义举办聚会呢？

矢部：搞庙会，怎么样？举办小区庙会。

山田：庙会倒也不错，但准备起来太费事。而且费用也太高。

三浦：的确是一个好主意，但我想马上运作不可能。其他还有什么想法？

水上：搞一个展览会或音乐会，怎么样？在营造地区文化的同时，也能培养大家的集体意识。

北野：对于感兴趣的人来说，是可以的。但很难成为大家都高兴或都能学到知识的活动。

矢部：那么，我们就搞一次大家感兴趣的、话题轻松的演讲会，怎么样？

三浦：好呀。我们先调查一下大家对什么感兴趣或想了解什么。

山田:那我们就搞一个问卷调查吧。

与会人员:同意。

## 2

三浦:喂,我是三浦。这次给您添了很多麻烦,实在抱歉。

原田:不,不用客气。我也是小区的一分子,应该的。

三浦:那,我们请野泽老师做报告的事,落实了吗?

原田:啊,没有及时与您联系,对不起。野泽老师已经答应了。说是没问题。

三浦:野泽老师的报告内容是什么?

原田:因为听众是小区的居民,所以野泽老师想讲一些通俗易懂的内容,而不是专业性很
　　　强的内容。

三浦:那太好了。因为我们都是一些外行。那题目定了吗?

原田:听说是人际关系中的语言使用。重点要谈谈有关敬语的使用什么的。题目定为《小
　　　区里的用语》,您看行吗?

三浦:我觉得很好。对于我们这些外行人来说,是一个通俗易懂的话题。谢谢啦。我马
　　　上在布告栏写出通知。

原田:当天如何安排?

三浦:先由几位干事去车站迎接。1点半开会,如能请老师1点到小区车站的话,那就太
　　　好了。

原田:那我就这样转告老师。

三浦:报告后是自由提问的时间。5点钟报告会结束。然后我们和老师一起开一个恳谈会。

原田:那,老师肯定很高兴的。


## 2.练习答案

一、(1)地域文化　中心　相談　進

　　(2)連帯意識　強　講演会　行

　　(3)他人　関係　非常　大切　誰　避　通　問題

　　(4)待　合　場所　駅　時間　午後　一時半

　　(5)敬語　特　難

二、(1)①ひかり　ひか　こうせん　えいこう　かんこう

　　　　②の　かた　よ　かた　しゅっせき　かたがた　ほうほう　ちほう　しほ

うはっぽう
③ あいて　そうだん　しんそう　そうとう
④ みせ　よみせ　ざっかてん　かいてん　ほんてん　てんしゅ
⑤ しんこう　ふっこう　きょうみ　よきょう

（2）① だんち　じゅうにん　あつ　そうごりかい　ふか　ひつよう
② せんせいがた　こうしょう　みうらけんじ　ねが
③ かた　も　きらく　き　き
④ はなし　げんごがく　ぶんがく　せんもんか　しょうだく
⑤ へんじ　だいじょうぶ　おも

三、（1）が；か；に／と
（2）の；とか；とか；の；など；に
（3）は；を；で；に
（4）は；と；から；と
（5）は；の；から；に
（6）と；から；が；を；に
（7）は；の；を；から
（8）の；は；ば；ほど
（9）の；は／が；の；で

四、（1）ほめられ　　（2）教えられ　　（3）見られ　　（4）頼まれ
（5）踏まれ　　（6）注意され　　（7）呼ばれ　　（8）拾われ

九、（1）决不做被人笑话的事。
（2）这是不可避免的问题。
（3）对人来说诚实比什么都重要。
（4）这是作为好朋友的忠告。
（5）具备集体意识是建立新兴人际关系中不可缺少的东西。

十、（1）王さんへの誕生祝いは喜ばれました。
（2）週末パーティーはどんな形式をとったらいいかということをめぐって、みんな
それぞれ自分の考えを述べました。
（3）座談会を通して、相互理解を深めることが出来ます。
（4）これは避けられない問題なのに、多くの人は口を開きません。
（5）この事はまだはっきりしていない。

## 3. 补充练习答案

一、（1）先生に日本語の発音を直していただきました。

　（2）すみませんが、写真を撮っていただけませんか。／シャッターを押していただ
　　　けませんか。

　（3）まずスリッパに履き替えていただきます。その後お入りください。

　（4）今日は少し早く帰らせていただきたいのですが。

二、（1）メディアを通してその日に世界各地のことを知ることができます。

　（2）今度の夏休みに田舎へ行って、そこの子供たちに教えることに決まりました。

　（3）お手数ですが、携帯の番号をここにお書きになってください。

　（4）先輩を卒業生の代表として当日の大学創立記念行事に参加していただきたい
　　　のです。

　（5）子供たちは毎日映像ばかり見ていて、なかなか字を読む機会がないです。

三、A：先生、後半年で社会人になりますが、すごく不安に思います。

　B：本当に早いね。皆さんが大学に入ったときのことはまだ昨日のことのようだけど。

　A：社会ってどういうようなものか、想像するだけで興奮もするし、怖いような気
　　　もしますが。

　B：皆さんにとっては確かに未知の世界だけど、怖いことはないでしょう。

　A：チャレンジの精神が大事だと先生がいつもおっしゃっていますけど、どうやっ
　　　てチャレンジしたらいいか分かりません。それで皆さんを代表してお願いし
　　　に参ったのです。

　B：何のことでしょうか。

　A：先生には社会人としての心構えをどうしたらいいかについて話していただき
　　　たいのですが。

　B：難しい問題ですね。

　A：ぜひ先生のお考えを聞かせていただきたいと思っております。

　B：それなら、私が考えた社会人としての心構えを話してから、みんなで話し合っ
　　　てはいかがでしょうか。

　A：賛成です。それではよろしくお願いします。


## チャレンジ・コーナー（参考）

　このことを実現させるために次のようなステップを踏まなければならないでしょ

う。

（1）メールでお願いする。

　突然メールを差し上げて、申し訳ございません。私は北京大学の〜です。「中日文化・スポーツ交流年」のイベントの一つとして、ぜひ先生にご講演をお願いしたいのですが、いかがでしょうか。テーマは「日本人の若者から見た中国」にしていただきたいのですが、日中関係についてなら、ほかのテーマでも歓迎します。

　お返事をお待ちしております。


（2）承諾のメールが来た。それに対する返事。

　早速のお返事、ありがとうございました。お忙しい中、快く承諾していただくことができて、うれしく思っております。ご講演の時間ですが、毎週の水曜日の午後2時から4時半までの時間が利用できます。来月中のどの水曜日でもかまいませんので、決めていただければありがたく存じます。


（3）時間決定のメールが来た。そのための返事。

　メール拝受、ありがとうございました。では来月の第二水曜日の午後の講演をよろしくお願いします。

　場所はすでに予約しておきました。当日一時半に大学の門のところでお待ちしております。

　ではお会いするのを楽しみにしております。

# 第 29 課

## 恩師

## 補足説明

一、コミュニケーション機能

### "失礼"的用法及其应答

本课我们学习了道歉的用法:"失礼しました"。"失礼"是一个常用词,在日常的语言交际中也经常能听到或用到这种说法,在这里我们做一小结。

用法一:表示道歉。如:

(1)約束の時間に遅れてしまって、失礼しました。

(2)お好き嫌いも存じ上げませんで、どうも失礼しました。

用法二:用于分手或提前告退时。如:

(3)お先に失礼します。

(4)ではこれで失礼します。

用法三:向对方询问事情时的铺垫或表示轻微的寒暄。如:

(5)失礼ですが、ご家族のことを聞いてもよろしいでしょうか。

(6)ちょっと前を失礼します。(用于从他人前边通过时)

用法一是对已经发生的事情表示道歉,所以一般是用过去时,而用法二和三是对将要发生的事情表示的态度,所以用的是将来时。

对用法一的道歉,如果听话人认为可以原谅时,一般可以回答:"いえ、大丈夫です"、"気にしないでください(お気になさらないでください)"、"いいですよ"、"かまいませんよ" 等。如果是的确认为不可原谅,可以说:"気をつけてください"。用法二和三都属于一般的寒暄,所以可以简单地回答:"どうぞ" 等。

二、文法

### 敬语的分类

第 28 课、29 课我们学习了敬语的用法,此处对敬语的分类做一下简单的介绍。通常我们把敬语分为三大类:尊他(尊敬語)、自谦(謙譲語)、礼貌(丁寧語)。

尊他是指 "お〜になる"、"〜なさる"、"〜れる・られる"、"お+形容詞" 等形式及敬语动词 "いらっしゃる、おっしゃる、召し上がる、ご覧になる" 等。

自谦是指压低自己的姿态以抬高听话人及他人的用法,如:"お〜する"、"お〜申し上

げる" 及表示自谦的动词 "差し上げる、いただく、お目にかける" 等。

礼貌是指对听话人等表示敬意的方式,如:"です・ます"、"でございます" 等。

近来,在以上分类的基础上又加了两种:美化(美化語)和郑重(丁重語),这样就变成了分为五类。

美化不是指对特定的人的尊敬,而是起到语言美的效果。如:

今日は、夏に魚をおいしくいただくコツを教えていただきます。

食べ方→いただき方　　ビール→おビール

以上例子中画线的 "いただく" 不是表示自谦的意思,而是没有特指的人,表示的是说话人的教养及听起来的感觉。"いただき方"、"おビール" 也是如此。

郑重指的是 "いたす、おる、参る" 等词,这些词一般和表示礼貌的 "です・ます" 一起使用,表示的是对听话人的尊重。如:

私のほうから皆さんに連絡いたします。

木村はただいま席をはずしております。


## 補足練習

一、改正下面的句子。

（1）先生、こちらでお待ちしてください。

（2）お客様が申されました。

（3）〇〇様、おりましたら、ご連絡ください。

（4）皆さん、どうぞいただいてください。

（5）先生はお帰りになられました。


二、下面的情况应该怎么说?

（1）只有自己做了才知道想干成任何一件事情都是不容易的。＿＿＿＿＿＿＿＿＿

（2）看到他的变化,我是又高兴又吃惊。＿＿＿＿＿＿＿＿＿＿＿＿＿＿＿＿

（3）从打学习日语以来,我说话的声音好像变小了。＿＿＿＿＿＿＿＿＿＿＿＿

（4）她的说话方式好像很受大家的欢迎。＿＿＿＿＿＿＿＿＿＿＿＿＿＿＿＿

（5）很久没有联系了,你最近一切都好吗?＿＿＿＿＿＿＿＿＿＿＿＿＿＿＿＿

三、按下列要求完成对话。

人物关系：A、B是同学。

谈谈对大学老师的看法。

○チャレンジ・コーナー

　　给你的老师写一封信,谈谈你的日语学习的情况。注意敬
语的使用。

## 答　案

### 1．课文译文

第29课　恩师

**文章**

　　上次聚会时,我见到了大学时代的恩师——佐佐木老师。见到恩师,我才意识到已经很长时间没有联系了,很不好意思。但看到老师和以前一样那么健康,我又惊又喜。聚会结束后,我陪老师来到了会场附近的一家茶馆,一起回忆了同班同学、师哥师姐及师弟师妹的故事,心情很愉快。因为老师以前喜欢喝酒,我一问,说是已经戒酒了。据说自去年夏天做了胃的手术后,就滴酒不沾了,让我吃了一惊。最后告别时,约好新年时与朋友一起去拜访老师。

　　最近,大学数量不断增加,并不断巨大化。大规模教育的弊端已开始显现出来。据在某大学读书的朋友讲,有的人没见过老师的面就取得了学分。在师生关系不断疏远的今天,我仍有可称作恩师的人,这是多么地幸福啊。据说有人认为"恩师"这个词意味着师生之间的封建关系,而不喜欢它,但师生之间关系的疏远化,不正是当今日本大学教育中所存在的重大问题吗？

**会话**

　　　1

铃木：请问,您是加藤先生吗？

加藤：是,我是加藤。哦,是铃木君呀。你好吗？

铃木:托您的福,很好。好久没与您联系了,老师,您好吗?

加藤:嗯。去年夏天做了手术,从那之后,身体状况好多了。

铃木:我不知道您做手术了,也没去看望您,非常抱歉。

加藤:哪儿的话,没什么大事儿。今天你要发表吧。一定很忙。待发表会结束后,我们一
起喝茶吧。

铃木:好的。那待会儿再见。我先走了。


    2

铃木:前些天,在广岛召开了一次学会吧。

田中:是呀,怎么啦?

铃木:我见到了加藤老师。

田中:是吗。几年没见面啦?已经有五年了吧。

铃木:嗯。是的。

田中:他身体好吗?

铃木:嗯。很好。看上去比以前好多了。不过,据说去年夏天做了胃的手术,你知道吗?

田中:不,不知道。

铃木:听说从那以后就滴酒不沾了。

田中:啊,加藤老师不喝酒了,真不敢相信。不过,只要身体好比什么都重要。

铃木:所以,与老师约好了,新年时和你一起去拜访,你能去吗?

田中:好呀。我很高兴去。因为好久没和老师联系了。


2. 练习答案

一、(1)先週　久　高校時代　恩師　目

　(2)昨年　春　悪　一ヶ月　入院　驚

　(3)日　特　大学受験　時　大変　世話

　(4)病院　見舞　伺　赤面

　(5)正月　友人　邪魔　約束　別

二、(1)①ところ　だいどころ　じゅうしょ　じむしょ　はつでんしょ　きんじょ

　　　②め　むすめ　もくてき　ちゅうもく　もくぜん

　　　③ただ　ただ　まさ　せいぎ　しょうがつ　しょうめん

　　　④よ　なか　せかい　しゅっせ　せいき

⑤あじ　あじみ　あじ　いみ　きょうみ　みかく

（2）①さんねん　どうきゅうせい　あ　あいか　げんき

　　②いま　きょうし　がくせい　かんけい　きはく　どうし　けいこう

　　③じぶん　なまえ　し　そつぎょう　さび

　　④けんこう　たこう　こころ　いの

三、（1）

| | お聞きする | お聞きしない |
|---|---|---|
| | お話しする | お話しない |
| | お返しする | お返ししない |
| | お待ちする | お待ちしない |
| | お持ちする | お持ちしない |
| | お読みする | お読みしない |
| | お頼みする | お頼みしない |
| | お願いする | お願いしない |
| | お会いする | お会いしない |
| | お借りする | お借りしない |
| | お答えする | お答えしない |
| | お届けする | お届けしない |
| | お別れする | お別れしない |
| | お約束する | お約束しない |
| | お邪魔する | お邪魔しない |

（2）

| | お書きになる | お書きにならない |
|---|---|---|
| | お急ぎになる | お急ぎにならない |
| | お話しになる | お話しにならない |
| | お呼びになる | お呼びにならない |
| | お乗りになる | お乗りにならない |
| | お帰りになる | お帰りにならない |
| | お作りになる | お作りにならない |
| | お入りになる | お入りにならない |
| | お買いになる | お買いにならない |
| | お降りになる | お降りにならない |
| | お借りになる | お借りにならない |

| | お疲れになる | お疲れにならない |
|---|---|---|
| | お見えになる | お見えにならない |
| | お忘れになる | お忘れにならない |
| | お考えになる | お考えにならない |
| | お出かけになる | お出かけにならない |

（3）
| | 行かれる | 行かれた | 行かれない | 行かれなかった |
|---|---|---|---|---|
| | 書かれる | 書かれた | 書かれない | 書かれなかった |
| | 泳がれる | 泳がれた | 泳がれない | 泳がれなかった |
| | 喜ばれる | 喜ばれた | 喜ばれない | 喜ばれなかった |
| | 運ばれる | 運ばれた | 運ばれない | 運ばれなかった |
| | 作られる | 作られた | 作られない | 作られなかった |
| | 帰られる | 帰られた | 帰られない | 帰られなかった |
| | 借りられる | 借りられた | 借りられない | 借りられなかった |
| | 答えられる | 答えられた | 答えられない | 答えられなかった |
| | 出かけられる | 出かけられた | 出かけられない | 出かけられなかった |
| | される | された | されない | されなかった |
| | 来られる | 来られた | 来られない | 来られなかった |

四、（1）は；を；のに；ぐらい；しか

（2）に；の；に；と；の；の；も；に；と；も

（3）には；に；て；て

（4）が；てから；の；で；や；など；を

（5）だけ；も；で；に

（6）は；が；を；に

（7）は；の；で

（8）は；まで；に；に

九、有这样一个笑话。

月亮、太阳和星星在旅途中碰到了一起。三人住在同一旅馆。第二天早晨，星星睁眼一看，月亮和太阳都不见了。哎呀，去哪儿了呢。星星感到不可思议，就问了店老板，老板回答说："月亮和太阳都已经出发了。"星星自言自语地说："月亮和太阳走得真早啊（日月过得真快呀！）。"

十、（1）王先生、お手紙を出されますか。私がお出しいたします。

（2）六年ぶりに先生にお目にかかりましたが、先生が相変わらずお元気で、とても六十歳の人には見えません。

（3）先生は、三年前、心臓の手術を受けられたんだそうですが、いまはいかがでしょうか。

（4）先生のご指導とご援助があってはじめて、今日の成績を得ることができたのです。

（5）先生のご指導がなければ今日の私はないと言っても、決して言い過ぎではありません。

十一、（1）③（2）②（3）③（4）①


3. 补充练习答案

一、（1）先生、こちらでお待ちになってください。

（2）お客様がおっしゃいました。

（3）○○様、いらっしゃいましたら、ご連絡ください。

（4）皆さん、どうぞ召し上がってください。

（5）先生はお帰りになりました。

二、（1）自分がやってはじめて、何かを成し遂げるにはそう簡単なことではないのが分かりました。

（2）彼の変化を見て喜びもし、驚きもした。

（3）日本語を勉強して以来、話す声が小さくなったような気がする。

（4）彼女の語り口はみんなに好かれているようだ。

（5）ご無沙汰しておりますが、お変わりありませんか。

三、A：「恩師」という文章を読んでどう感じますか。

B：そうですね。もうあまりこういう言葉は使われなくなったんじゃないですか。

A：そうかもしれないけど。でも私は先生のことをずっと「恩師」だと思いますよ。

B：私もそう思いますよ。ただ大学の先生は中学の先生とずいぶん違うと思いませんか。

A：そう言えばそうですね。中学の先生は親のように毎日、側で「勉強しなさい」と言っていましたけど、大学の先生は授業以外にあまり見かけませんね。

B：それぞれご自分の研究があるので、いつも私たちの側にいる時間がないでしょうね。

Ａ：でも、質問をしたら、いろいろ教えてくださるし、答えだけじゃなくて、解決の
　　方法も教えてくださるのですね。
Ｂ：それこそ大学の先生じゃないですか。
Ａ：そうですね。

## チャレンジ・コーナー（参考）

　暑い日が続いていますが、いかがお過ごしでしょうか。

　時間が経つのは早いもので、一年はあっという間に過ぎました。

　先生は去年のこのときのことを覚えていらっしゃいますか。私はナ行とラ行の発音
がどうしても区別できなくて、勉強するのが嫌になっていました。先生にメールを出
したら、「何をする時も、チャレンジの精神が大切です。自分を信じてください。頑張
ればきっとできます。」と、先生のその言葉は私を励ましてくださいました。その日か
ら、わたしは、毎朝 30 分ぐらい発音の練習をすることにしました。その結果、発音もう
まくなりましたし、日本語の勉強も大好きになりました。何よりもチャレンジの精神
の大切さが肌で分かりました。これからもこの初心を忘れないで、一生懸命にやって
生きたいと思っております。今後ともいろいろとご教示くださいますようにお願いし
ます。

　忙しい生活がいよいよ始まりますが、くれぐれもご健康にお気を付けください。

　また、お会いする日を楽しみにしております。

# 第 30 課

## 日本語は難しい

この課のポイント

**コミュニケーション機能**

1. 结构
2. 结论
3. 禁止
4. 感觉
5. 例证
6. 例示

**文法**

1. "にしても" 的用法
2. 接续助词: "し"
3. 复合词的构词成分: "にくい" 和 "やすい"
4. 接续助词: "なくて"
5. "にとって" 的用法
6. 日语句法初步⑤

## 補足説明

### 一、コミュニケーション機能

　　本课我们学习了表示感觉的词。准确把握这些词的意义有一定的难度。在这里我们进一步举例,以加深大家的印象。

1. "なんだか" 和 "なんとなく"

这两个词意思和用法上都很接近,但细微处有区别。

"なんだか"更偏向虽然说不清理由,但有某种比较清楚的感觉。如:

(1)彼に会ったら、なんだか急に元気になった。

(2)今朝からなんだか落ち着かない。

(3)あの人はなんだか変だ。

"なんとなく"表示说话人要表达的感情或感觉处于不甚明了的状态。如:

(4)体がなんとなくだるい。

(5)彼の気持ちはなんとなく分かるような気がします。

(6)田中さんはいつも教室の前のほうに座るので、なんとなく話をするようになって、友達になりました。

如上面的例句所示,"なんだか"后面的感觉是清楚的,但为什么有这种感觉的理由说不清楚。而"なんとなく"偏向的是隐约有这种感觉,但不是很清楚。

2."うららか"和"のどか"

这两个词都说的是阳光和煦,令人悠然的感觉,但各有所偏向。

"うららか"指春秋时节阳光明媚、温暖和煦的感觉。如:

(1)春のうららかな日差しが部屋の中に射してきた。

(2)この頃うららかな日和が毎日続いています。

"のどか"指所处的环境、温度、风景都很好,令人感到悠然、平和。如:

(3)目の前にのどかな田園風景が広がっている。

(4)祖父母は心のどかに日々を送っているのを見て安心した。


二、文法

"にとって"和"に対して"的用法

这两个句式所表达的意思比较容易混淆,我们分别来讲解一下。

"にとって"表示的是从"从……的立场来看"、"从……的观点考虑"的意思。后面一般是以判断句的形式结句,多表示说话人的评价或判断。如:

(1)学生にとって一番大切なのは勉強だ。

(2)民族問題は世界平和にとって最も重要な問題だ。

(3)彼の退社は会社にとって大きな損失です。

"に対して"用来表示行为、作用的对象和方向,一般后续表示行为、作用、态度、状态、感情的词语。如:

（4）先生の熱心なご指導に対して、感謝の気持ちを表したいと思います。

（5）あの先生はすべての学生に対して公平です。

（6）彼女はほかの人に対する態度と僕に対する態度はぜんぜん違います。


## 補足練習

一、在下面句子的( )里填入 "にとって" 或 "に対して"。

（1）「母の日」は母親（　　　　　　）感謝の気持ちを表す日です。

（2）このような単純な作業は私のような人間（　　　　　　）苦痛としか言えない。

（3）医者が手術をするときは、患者を尊重するため、患者本人（　　　　　　）手術の
説明をしなければなりません。

（4）日本語の勉強は私（　　　　　　）日本文化を理解するためによい機会にな
りました。

（5）今の私（　　　　　　）もっとも大切なのは家族の幸せです。


二、下面的情况应该怎么说?

（1）这篇文章由三个部分组成。＿＿＿＿＿＿＿＿＿＿＿＿＿＿＿＿＿

（2）如上所述,这就是引发这个结果的根本原因。＿＿＿＿＿＿＿＿＿＿

（3）这是别人的文章,请不要随便更改。＿＿＿＿＿＿＿＿＿＿＿＿＿＿

（4）听说敬语对日本的年轻人来说也很难。＿＿＿＿＿＿＿＿＿＿＿＿＿

（5）我也不知为什么,很想看看过去的老照片。＿＿＿＿＿＿＿＿＿＿＿＿


三、请按下列要求完成对话。

人物关系：A、B 是同学。

两人谈论对日语的感觉。

┌─────────────────────────────────┐
│　○チャレンジ・コーナー │
│　　请试着总结你所感到的日语的特点。 │
└─────────────────────────────────┘

# 答 案

## 1. 课文译文

### 第30课 日语难学

**文章**

日语的词汇是由和语、汉语、外来语及它们的混合语构成的。所谓外来语是来源于英语、美国英语、葡萄牙语、西班牙语、荷兰语、法语、德语、俄语、意大利语、希腊语、拉丁语的词汇。可以说这些外来语和汉语是在与外国的交流中,进入日本的历史产物。

国立国语研究所经调查公布了如下结果,现在使用的日语中最多的是汉语,但使用频率高的常用词还是日本固有的和语词。尤其是在口语中,和语词成为主流。

和语的特征之一是表现自然的词汇极为丰富。

比如,表现春季的季节寒暄语要用"暖か"、"うららか"、"のどか"、"日なが"等词语,另外,"水温む"、"残雪"、"雪解け"等词语也用于春天的问候。

还有一个特征也是不能忘记的,就是微妙地表达内心感受和感情的词语也是极为丰富的。

"あわれ"这个词里包含着各种意思。"なんとなく"、"なんだか"、"どこか"、"ぼつぼつ"、"そのうちに"等词语都用于表现一种难以表达清楚的心意。所以对外国人来说,更是难上加难啦。

日本人重视上下级关系。除了语法上的敬语外,词语本身也有规则,有些词不能用于长辈,有些词只能用于晚辈。

此外,有时一个词因用法的不同,意思也不同。

让我们以"虫子"这个词为例吧。「虫の居所が悪い」的意思是表示情绪不佳,因为一点儿小事就马上发脾气。「虫がつく」就是生了虫子的东西就成了残品。「本の虫」就是指热衷于读书的人,也就是非常爱读书的人。

另外,最近外来语明显增多。这大概与日本人的生活的西洋化和进入高科技时代有关吧。外来语词典出版了多种版本。

如上所述,日语之所以难是因为有日本人独特的复杂的表达方法。的确,日语对日本人来说也是很难的。

会话

　　田村(日本大学生,男) 　　陈(中国留学生,女)

田村:最近,在电视里经常可以看到很多外国人的日语说得非常漂亮。

陈 　:究竟怎么学习,才能达到那种水平呢?

田村:这也是作为日本人的我想要问的问题。

陈 　:我原以为,日语中有许多汉语词,比较好学。

田村:汉语词确实很多,但常用的还是和语词多呀。特别是在口语中。

陈 　:所以掌握和语的特征是很重要的。

田村:是的。和语中表现自然的词语极为丰富。

陈 　:那是因为日本的四季变化很明显吧。如"暖か"、"のどか"、"雪解け"等,表
　　　现春季的词语就有很多很多。

田村:表现内心世界和感情的词语也很丰富,也是其特征之一吧。如"あわれ"一词。

陈 　:的确如此。

田村:日本人很重视上下级的关系。除了敬语之外,还有各种各样的语言规则。比如,
　　　有些词不能用于长辈,有些词只能用于晚辈等。

陈 　:熟练使用是很难的呀。

田村:你知道"本の虫"这个词的意思吗?

陈 　:"本の虫"大概是指蛀书的虫子吧。

田村:哈哈哈……。"本の虫"就是指热衷于读书的人。也就是指爱读书的人,勤
　　　奋用功的人。

陈 　:哎呀,日语真够难的。

田村:是呀,就是对日本人自己来说,日语也是很难的。


2.练习答案

一、(1)最近　美　日本語　話　外国人　増

　　(2)同　用　方　意味　異

　　(3)時　目上　人　対　目下　使　使　恥

　　(4)四季　変化　秋　表現

　　(5)彼　朝　虫　居　所　悪

二、(1)①ゆた　ほうふ　ほうさく　ほうまん

　　　　②く　かえ　かえ　へんじ　へんれい

③ いそ　きゅう　きゅうこう　とっきゅう　きんきゅう

④ むずか　こんなん　なんい　あ　がた

⑤ き　き　たいせつ　しんせつ

（2）① けいご　あいて　わだい　けいい　あらわ　ことば

② そんけいご　わだいちゅう　じんぶつ　どうさ　じぶつ

③ じぶん　ひく　かんせつてき　うやま

④ きも　はなしぜんたい

⑤ じょうげかんけい　たいせつ　ぶんぽうじょう　けいごほう　じたい

四、（1）を；が；と；は；の；の

（2）の；や；を；が；と；も；の

（3）に；が；が

（4）の；しか；は／を；に；ては

（5）だけ；は；の；に

（6）は；も；し；も；から；が；まで；に

（7）は；の；で；ほど；が

（8）を；て；ほど；を

（9）を；と；に

（10）だけ／さえ；ば；に；と；も／が

九、如下所述,听说世界上的语言约有 5000 种。在如此众多的语言中,日语本身独有的特性想必不多吧。以前大家都说敬语是日语的特征,以及只有日语里有"が"和"は"的区别。我们把眼光朝外看一看,敬语在东南亚语言里广泛存在,"が"和"は"的区别在朝鲜语中也有非常近似的用法,让人感到,这的确就是住在隔壁民族的语言。但是,我们可以断定日语里根本就没有自己独特的东西吗? 在文字方面,它使用着汉字、片假名、平假名、罗马字、阿拉伯数字之类的许多不同体系的文字,这样的语言在世界上应该是独一无二的。而且,其汉字的读音有音读和训读,不是一小部分文字,日常使用的许多汉字,像"春"读作"ハル"和"シュン","秋"读作"アキ"和"シュウ"那样,被读成两个相互毫无关系的读音,这也是世界上独此一家的。

摘自金田一春彦《日本语》

十、（1）日本語の敬語の使い方を身につけることは難しいと思います。

（2）ある言葉は目上の人には使えず、後輩か目下の人にしか使えません。

（3）私は敬語を間違えて使い、笑われたことがあります。

（4）今でも敬語を完全に使いこなせるとは言えません。

（5）日本語は日本語を勉強する外国人には難しいのですが、日本人自身にとっても
難しいのです。

### 3. 补充练习答案

一、（1）に対して　　　　（2）にとって　　　　（3）に対して

（4）にとって　　　　（5）にとって

二、（1）この文章は三つの部分からなっている。

（2）以上のように、これがこの結果を引き起こした根本的な原因と言えるだろう。

（3）これは他人の文章だから、勝手に変えてはいけない。

（4）敬語は日本の若者にとっても難しいそうだ。

（5）なんとなく昔の写真を見たくなった。

三、A：日本語の勉強を始めてから、いよいよ一年になりますね。

B：早いですね。発音から勉強して、いまは簡単が会話ができるようになりましたね。

A：そうですね。なんだかうれしくなりました。

B：でも、英語と比べて難しいと思いません？

A：そう思います。漢字の読み方とか、助詞の使い方とか、特に敬語の使い方とか、
本当にややこしいと思います。

B：それにあいまいな言い方も多いですね。さっき、Aさんは「なんだか」を使い
ましたが、それ、難しいですね。「なんとなく」もあるでしょう。その違い、私
には分かりません。

A：どの言語にもそういうようなところがあるでしょう。

B：それはそうですけど。でも、勉強すればするほど面白くなってきました。

A：私も。

B：じゃあ、これからも時々感想を交流して、一緒に勉強しましょう。

### チャレンジ・コーナー（参考）

　日本語の特徴について、いろいろな本に書いてありますが、私は自分なりにまとめて
みたいです。まず、漢字についてです。漢字圏の人にとって漢字はそれほど難しくな
いと思われるかもしれませんが、本当は違います。中国語の漢字と日本語の漢字は細
かいところでずいぶん違います。うっかりするとすぐ間違います。例えば、名称の「称」

とか、道具の「具」とかなどです。

　それから、助詞の使い方です。中国語には助詞がないので、つい忘れてしまいます。「は」と「が」以外に、「に」と「で」は簡単なように見えますが、初心者にとってはなかなか区別がつきにくいです。授受表現も難点の一つです。中国語では「給」だけですみますが、日本には「あげる」「くれる」「もらう」があります。それよりもっと難しいのは気持ちの問題です。感謝の気持ちをこめて「授受表現」を使いなさいと先生はよく言いますが、その気持ちって分かりにくいのです。

　ほかに敬語の問題とか、あいまいな表現とかいろいろありますが、またほかの機会で書いてみたいと思います。

# 第一冊課外閲読

## 一、图书馆

下课后,我们去图书馆。也有人在宿舍学习。但还是图书馆比较安静。图书馆里有各种词典和参考书。便于预习和复习。有电脑,可以上网查资料。不过,不能相互交谈,而且座位有限,很难保证有座位。所以,早晨一开馆,我们就去阅览室占座位。

我们在图书馆可以借到各种书。有日语书也有英语书。除此之外,还有历史、文化和经济等方面的各种书。还有许多小说、随笔等文学作品。我非常喜欢文学作品。我在图书馆借老舍和巴金的小说。也想读日本的小说,但还读不懂。我就借日本小说的翻译本。我想抓紧时间学日语,及早阅读日语的原文。

将来,我打算读日本的古典,源氏物语和万叶集也想读日语原本。

## 二、便利店(24小时店)

便利店这个词是英语的 "convenience store" 的略语,是指24小时营业的小卖店。

冈田因加班而回家晚了。已经是夜里11点了。冈田肚子很饿。但小卖店和食堂都关门了。他从车站走向自己住的公寓,走过夜深人静的大街,发现一家新开张的便利店里有许多人。冈田也走进了这家店,里面有日用品专柜、香烟专柜、食品专柜等,生活必需品应有尽有。

冈田在食品专柜拿了三明治,在饮料专柜拿了牛奶,并且在报纸、杂志专柜拿了一份晚报后,来到收款处。他拿出1000日元的纸币,找回了400日元,然后就离开了便利店。他走后还有许多人陆续走进便利店。大概都是一些加班的人或上夜班的人们吧。有了便利店,对于象冈田这样的独身者和学生们来说是极为方便的。

最近,在便利店里,可以用微波炉加热面包和拉面,也可以买到一些象杂烩菜和面条之类的温热食品,总之是越来越方便了。

## 三、寒暄话

日本人见面时,会以"你好!"来打招呼。有时不说话,而是低下头,稍微鞠一下躬。也有时边打招呼,边点头致意。

告别时说"再见"的情形也一样。这就是日本人的寒暄话。

世界上有各种各样的寒暄方式。印度、泰国和柬埔寨等国的人在胸前合掌祝福对方。这也和日本人一样,是不接触对方身体的一种寒暄方式。

但是,美国人、英国和德国等欧洲人,伸出手来,相互握手。这是身体部分接触的一种寒暄方式。

意大利和西班牙等南欧人,相互拥抱,并脸贴脸致意。这种不仅是手而且身体接触的寒暄方式,我们东方人是很难做到的。

我们中国人有时是轻轻点头致意,但不象日本人那样弯腰致敬。也不象南欧人那样拥抱,有时会握手寒暄。

据说,点头是面向对方表示遵从您的旨意的心情。合掌相互祝福就不会产生争执。相互握手的话,就不会相互殴打。拥抱是表示双方的身体合为一体亲密无间。

## 四、日本的住宅

日本自古以来就有木结构建筑和使用混凝土和砖瓦建造的西式建筑。而且最近又增加了许多公寓之类的高层建筑。

木结构建筑是符合日本风土的建筑方式。日本四面环海,黑潮和日本海流流经日本列岛周围,雨量多,湿度大。而且好几个火山带通过日本列岛的地下,地震经常发生。考虑到这种自然条件,可以说木结构建筑是最适合日本的建筑方式。

木结构建筑是由木材和纸构成的。柱子和梁是木材,而把里外隔开的拉门(拉窗)是纸的。把房间与房间隔开的隔扇也是纸的。并且可以随时取下,便于通风。地板与地面的间距大,可以起到充分防潮的作用。所以不仅可以度过舒适的夏天,而且即使发生地震,房屋也不会轻易地倒塌。但也有它的弱点,就是冬天冷,不能抵抗暴风雨。现在纸拉门已经改成玻璃门,地基也改用混凝土。所以前面说的弱点也大有改善。日本的房屋,尤其是农村的房屋基本上还是木结构的。即便在城市里,年纪大的人仍喜欢住木结构的房子,所以木结构建筑仍有许多。但城里的地价高,年轻人的生活也已西化,因此,高级公寓和西式建筑的需求增加了。它抗震及抗暴风雨的能力强,保温性能也好,所以像高级公寓那样的西式建筑将会成为今后住房的主体。

## 五、观光

日本的自然环境很美,适于观光。每年都有许多外国人到此观光。另外,日本人也会春天赏花,夏天洗海水浴,秋天观红叶,冬天去滑雪和洗温泉等。

日本列岛从北到南很长,气候差别也很大。在南北方向移动可以体验到各种不同的气候。另外,山多,四面环海,所以能欣赏到各种景色。

日本是海洋性气候,湿度大,容易出汗。因此,日本人特别喜欢洗澡。日本列岛的地下贯通几条火山带,所以到处都有温泉涌出。日本人喜欢泡温泉。温泉的水质多种多样,有的含有硫磺成分,有的呈碱性,所以有泡温泉治病的风俗习惯,称为"温泉疗养"。

日本有 27 个国立公园。国立公园有山和湖,富于变化,也有温泉,是些景色极美的地方。濑户内海国立公园和冲绳的国立公园等,有美丽的大海和富于变化的海岸线,点缀着无数的岛屿。

日本有两千几百年的历史,有许多名胜古迹。京都和奈良是古都,有许多神社和寺院,保留着古老的街道和建筑,迎来了许多观光客。附近的吉野是樱花的胜地,从山麓到山上,樱花陆续地盛开。

樱花的胜地还有很多,一到樱花盛开之际,日本人就去附近的樱花胜地,在樱花树下享受喝酒、唱歌、跳舞的快乐,称为"赏花"。

京都的岚山是红叶的胜地。红叶红了的时候,日本人就要去看红叶,称为"赏红叶"。

## 六、手机

从几年前开始盛行信息技术化(IT 化)。电脑、CD、DVD、数码相机、传真机、摄像机等 IT 产品似乎充斥着各个领域。特别是手机的普及更为迅猛,几乎所有的人都有手机。

最近的手机不仅能听到声音,而且还能发邮件。也可以拍摄和发送照片。体积也小,携带极为方便。并且,根据各自的需要,颜色和形状也不断多样化。对于女性来说,也可起到装饰品的作用。

手机顾名思义,就是便于携带。对于从事移动多的工作的人来说,是不可缺少的通讯手段。另外,即便是普通人,外出时带上手机,与家人和朋友联系起来也很方便。

可是,对于相当一部分人,特别是学生等年轻人来说,手机好像更多的是一种娱乐性的存在。不论是走在路上还是坐在车中,都在不停地操作手机。而且是长时间地交谈。其中也有的学生把手机带进教室。上课时有时也会有手机铃声的干扰。乘坐飞机和电车时,是禁止使用手机的,但不遵守规矩的人似乎也为数不少。

手机作为通讯工具,已落户于人们中间。为了不给他人添麻烦,应遵守社会公德。

还有,由于手机和电脑的普及,人们远离铅字的倾向越发严重。因为拿笔写字的机会少了,所以字不记,文章也不写了。这需要作为今后的语言教学的问题来考虑。

# 第二冊課外閲読

## 一、少子老龄化

所谓"少子老龄化"指的是,一个国家里,小孩的出生率降低,与此同时,平均寿命延长,老龄者(一般指65岁以上的人)占人口的比率不断增加的现象。预计日本到了2025年,每四个人中就有一个老龄者。

少子老龄化问题的根本就在于老龄者不断增加,日本的各种制度还不能应对这种状态。

养老金制度就是其中一个很好的例子。在"国民养老金"等公共养老金制度里,是从现在工作的这一代人开始征收保险金,把这部分钱作为养老金支付给老龄者。老龄者越来越多,就增加了工作的一代人的负担。这样下去,不久的将来公共养老金就会无法保证。

因此,目前正在进行有关公共养老金制度的改革。除此之外,越来越多的企业也在向着延长60岁退休的方向重新考虑。

近年来,为了使老龄者生活得舒适安全,取消住宅及公共设施中的房间与房间的高低差异,并在台阶和走廊处安装扶手,这种观点越来越普遍。这叫做"无障碍设施",与欧美相比,日本的投入还差得很远,面向老龄者的护理服务也处于发展中阶段。

可以说解决好这些问题是21世纪日本最大的课题。

## 二、EC(电子交易)

利用因特网等通信网络,签定商品买卖合同,进行货款结算的交易称为EC(电子交易)。

已经普及的购物方式是看了网上的商品目录后,决定所需商品,在网上订购。类似于商品目录函购,而最具吸引力的是能轻易地买到世界各国的商品。

作为售货方的企业,即使不特意在黄金地段建立自己的店铺,也能把自家的商品推销给全世界的消费者。随着NTT的dokomo的"I方式"那样的可上网的手机服务的推出等,EC使用者的范围越来越广,也是一个因素,各个领域的企业作为新的销路,开始使用EC

（电子交易）。

1999 年,网上的股票交易(利用电脑在家进行股票交易 / 网上交易)在日本一下子普及起来,EC(电子交易)正在向金融交易扩展开来。

另外,甚至会波及到企业间的贸易往来。

比如,即使订购原材料,也可在世界各地寻找最便宜的供应商,然后在网上订购。如果引入厂家、批发商和零售商经常在网上互通库存信息及销售信息等的系统,就可减少多余的库存,抓住销售的最佳时机,提高商业效率。EC(电子交易)的使用可以降低成本,促进经营的合理化,当然也关系到提高与其他公司的竞争力。

可以说 EC(电子交易)甚至有着可以大大震撼业界地图的影响力。

## 三、会读书的驴

一天,国王问阿凡提:"驴可以变成毛拉(伊斯兰教的传教士)吗?"

阿凡提答到:"可以,但有条件。"

国王问:"什么条件?"

阿凡提说:"需要两个月的时间和 100 枚金币。"

国王答应了这两个条件。阿凡提拿着 100 枚金币,牵着驴回家了。

约定的日期到了。国王召集了全体大臣,阿凡提也牵着驴,带着一本 "毛拉指南",来到了宫殿。

国王问:"哎,怎么样啦? 驴变成毛拉了?"

阿凡提一句话也没说,装出一副一本正经的样子,把书放在驴的面前,然后退到一旁。于是驴就开始用嘴翻书,一页又一页地一直翻到最后一页,然后抬起头,"咳儿咳儿"地大声叫着。

站在一旁的大臣们,非常佩服阿凡提,国王也十分高兴,赏给了阿凡提 200 枚金币。

后来,好奇的朋友问了阿凡提其中的缘由。阿凡提是这样回答的。

"最初,我在每页书里夹上一撮裸麦,然后翻书让驴吃。渐渐地驴也学会自己翻书吃裸麦了。后来,即使书里不加裸麦,驴也会翻书,翻到最后一页找不到裸麦,它就会 '咳儿咳儿' 地大声叫唤。就是说,国王好像深信自己聪明,其实还是被驴欺骗了。"

## 四、笑的效果

小时侯,我照相时就讨厌人家让我说 "茄子"。周围的人都作出甜美的笑容。而我最怕故作笑脸,不是笑容满面,而是一副嬉皮笑脸的表情。我不喜欢这样,所以照相时,总是

板着面孔。我一直认为,明明没什么好笑却故做笑脸,我是根本做不到的。可是最近,我明白了笑实际上隐藏着一股神奇的力量,我必须改变过去的想法。

好像有过这样的实验。让人看单口相声和对口相声后发笑,并分别抽取看前和看后的血进行化验,检查血中的 NK 细胞数量是否增加,这种细胞可以起到杀死病毒和癌细胞的作用。检验结果是 NK 细胞增多的人约占七成,而 NK 细胞减少的人约占三成。另外,仅限于开怀大笑的人为检测对象,其比例是八比二。就是说,证实了笑可以提高身体的免疫力,而且不易患癌症。

在别的实验里,也充分证明,即使没有高兴的事,故做笑脸也可获得一种快乐的感觉。快乐的心情和真正的笑的效果是一样的。自古以来就有这样的谚语:"病从气来"、"福临笑门",看来的确如此。

### 五、美术明信片——登富士山

盛夏之际,您过得可好? 我正准备登富士山。坐公交车来到五合目,发现这里有一个邮筒,我就决定给老师写一个美术明信片。

这里恰如一个带空调的房间,凉快极了,心情很舒畅。据说在山顶上,即便是夏天,早上也只有 4~5 度。所以我的背囊里不仅装着雨具,而且还有羊毛毛衣。据说山路难走,还有落石的危险,我有点担心能否顺利登上山顶。中午从这里出发,傍晚之前到达八合目的休息所,在那里小睡一会儿。似乎是要穿着衣服在狭小的休息所里睡觉。为了赶上看日出,准备清晨 2 点就起床,向山顶攀登。

可是,就在我决定登富士山的时候,我从朋友那学了一句有意思的日语"一次也没登过富士山的人是傻瓜,第二次登富士山的人也是傻瓜。"所以人家建议我还是应该去登一次富士山。据说山下一望无际的云海、山顶上看到的日出真是美极了。我是第一次登上如此高的山,只要想象一下从那里所看到的景色就会激动万分。

那为什么说"二次登山是傻瓜呢?"一打听其中的含义,原来是说只要登上去一看就全明白了的意思。顺便说一句,他还说:"我已登了三次,是个大傻瓜。"总而言之,这次登山对我来说,无疑是一次难得的经历。

那么,我要出发了,请您等候我的礼品吧。

### 六、包袱皮

夏季的一天,我发现了一个极漂亮的东西。

那是妈妈让我打开衣柜时的事情。在小毛巾和手绢的下面,有一块非常漂亮的布。

我悄悄地取出来展开一看，上面画满了樱花，宛如花瓣在飞舞。

我想这可能是一块头巾，一问妈妈，妈妈告诉我："这是日本自古留传的，以'友禅染'这种工艺染制成的包袱皮。"

"噢，真漂亮呀。"

我把放在旁边的两三本书用它包了一下。布料很柔软，所以原封不动地按照书的形状包好了。我把手从底部伸进去，把它抱了起来。

"妈妈，用包袱皮一包，好像里面的东西非常重要似的。好奇怪呀。"

妈妈一边笑着对我说："你拿着包袱皮来一下厨房。"一边把各种东西放在桌子上。

妈妈开始了实际演习。

首先，用包袱皮把多层方木盒包给我看。不用开盖，就被牢牢地包好了。

其次是把一个大瓶子用包袱皮包好。

"可以按照瓶子的形状包好，非常便于携带呀。"

最后是包装西瓜。

"太棒啦！"我不由得叫了起来。一个又大又圆的西瓜被严严实实地包了起来。

"把包袱皮的两个角系上，还可以两个人拿。"

妈妈让我拿着一头。西瓜就被很轻松地拿了起来。

我原来不知道一块包袱皮能有如此多的用途。包袱皮只要根据物体的形状改变包装方法，不管什么样的东西都可以包上。既可以折叠成小的，也可以挂在肩上或腿上。

我不由觉得一块包袱皮如同一块魔布。这时妈妈告诉我说："包袱皮原来是去澡堂时用来包换洗衣服的，或者在穿衣服的时候铺在地板上，所以被称为包袱皮。自古以来就被非常方便地使用。"

这么好的包袱皮我也很想使用。我想，除了包袱皮之外，如果还能了解其他日本传统事物的优越性，并能继续使用下去该多好啊！

## 総合練習

在《新编基础日语》(第一、二册)我们学习了以下助词:

格助词　　が　の　を　に　へ　と　より　から　で　まで
提示助词　は　も　でも
并列助词　と　に　や
语气助词　　か　ね　よ
助词的重叠　には　までに　にでも

在综合练习中,我们围绕这些助词展开练习。需要说明的是几乎每个助词都有多种用法,目前我们学习的是最基本的用法。在下面的练习中我们有意识地加入了现阶段还没有学到的用法。当遇到这种用法的时候,请大家不要过分拘泥,可以跳过去不做。随着学习的不断深入,有些问题就可以不断得到解决。那时,可以回过头来再做。这样,你会感到自己知识的不断丰富,体验不断进步的乐趣。

一、填空。
（　　）の中に適当な助詞を入れなさい。

（1）午後3時から会議（　　）ある。

（2）今度のことの一部始終（　　）あなたから説明してください。

（3）彼女は山（　　）下りたころからずっと病気みたいだ。

（4）その辺にある本を片っ端（　　）読んでしまう。

（5）彼は正午（　　）ここにいたが、その後、どこへ行ったか分からない。

（6）お金（　　）健康が大事だ。

（7）国慶節の休み（　　）10月1日からです。

（8）昨日一日、弟（　　）パソコンでゲームをした。

（9）毎日、授業が終わって（　　）、しばらく運動するようにしている。

（10）違う民族（　　）相互理解はそう簡単にはできない。

（11）客席から拍手（　　）起った。

（12）車がガソリン・スタンド（　　）過ぎたところからスピードをあげた。

（13）自分（　　）せいだから、怒られても、黙って聞くよりほかはない。

（14）彼は自分の発明に「希望」（　　）名付けた。

（15）母（　　）一緒に植物園へ行って、木蓮を見てきた。

（16）十の十倍（　　）千の十分の一と等しい。

（17）第10回日本語作文コンクール表彰式をただ今（　　）開会します。

（18）一年生（　　）順に教室へ入りなさい。

（19）「人間の一生は重荷を背負って遠い道（　　）行くようなものだ。急いではいけない」と徳川家康が戒めた。

（20）朝から晩までパソコンに向かっているので、目（　　）痛くなった。

（21）車（　　）行ったので、空港まで30分とかからなかった。

（22）10年、20年（　　）時がたつうちに、細かいことは忘れてしまった。

（23）人命救助で警察（　　）表彰された。

（24）この便は香港経由で、シンガポール（　　）飛ぶ。

（25）彼の表情（　　）ふだんとぜんぜん変わったところがない。

（26）その村には100歳まで長生きしたお年よりは何人（　　）いた。

（27）今週いっぱい（　　）原稿を待つが、その後の投稿は受け付けない。

（28）故郷（　　）客だから、暖かく迎えるべきだ。

（29）お二人の新しい人生の門出を心（　　）祝福します。

（30）コップから水（　　）あふれる。

（31）この道はあの山のふもと（　　）続いている。

（32）子供は「なぜ?」という質問を投げかけ、好奇心に満ち溢れた瞳（　　）輝かせている。

（33）そのことについては私（　　）先生にお伝えします。

（34）父は単身赴任し、家族（　　）別れて生活している。

（35）火に当たる（　　）日に当たれ。

（36）今言わなければ、後（　　）言っても始まらない。

（37）結婚問題（　　）父と激しくぶつかった。

（38）申し込みは受付（　　）お越しください。

（39）今度の失敗がきっかけで、彼の勉強の姿勢（　　）前よりずいぶんまじめになった。

（40）私は知力といい、財力といい彼（　　）は比べものにならない。

（41）昨日の就職説明会には1000人（　　）学生が集まった。

（42）遅くても、夕食（　　）帰ってくるから、心配しないで。

（43）赤道より北（　　）北半球という。

（44）ペン・フレント（　）手紙のやり取りは、いまEメールに変わった。

（45）私はあなたを親友（　）認めない。

（46）父は庭（　）犬小屋を作ってくれた。

（47）ゆうべ、徹夜して、論文を書いたので、3時間（　）寝なかった。

（48）学会幹事（　）山本さんから本年度の経費使用の明細が公表された。

（49）山の中だから、歩く（　）しかたがない。

（50）テーブルから花瓶（　）落ちる。

（51）私の不注意からみんな（　）ご迷惑をおかけしました。

（52）裁判の結果、無罪（　）なった。

（53）明日十二日（　）、一週間休業いたします。

（54）二度（　）ない機会だから、しっかりとつかんでください。

（55）蚕の繭から絹糸（　）とる。

（56）祖父母はにこにこ（　）笑いながら、私を見ていた。

（57）風邪（　）肺炎を併発した。

（58）会場（　）行く地図をかくので、心配しないでください。

（59）この会社（　）あくどいことをするので、同業会社からひどくうらまれている。

（60）友達（　）話し合いは夜中まで続いた。

（61）イベントの具体的な進め方について仲間たち（　）相談した。

（62）舞台までの通路に絨毯（　）敷かれている。

（63）久しぶりに家族（　）のんびりと連休を過ごした。

（64）好きなもの（　）取っていくから、最後に嫌いな物が残るのだ。

（65）私はすりから財布（　）すられた。

（66）「こんにちは」というのは私たち一生の間に、何千回、何万回（　）使う言葉である。

（67）今日はもう遅いので、また日を改めてこちら（　）お電話します。

（68）年末（　）もう一度会って話したい。

（69）ちょっとしたことから、夫婦げんか（　）なってしまった。

（70）今日は日曜日だから、12時（　）寝ても大丈夫だ。

（71）ちり（　）積もれば山となる。

（72）山本さん（　）私からお礼を申し上げておきます。

（73）長い経験（　）こういうことがわかった。

（74）二つの国は何かの利益の問題（　）戦争を始めた。

（75）これ（　）先は無人地帯になる。

（76）夜半から雨は雪（　）なった。

（77）新しく開通された環状線は、空港（　）通じている。

（78）水は水素と酸素（　）なる化合物である。

（79）どの国の政府も環境保護という大きな問題（　）抱えているようだ。

（80）あなたと立場が違うから、考え方（　）違うはずだ。

（81）会議の後、彼女（　）コーヒーを飲んだ。

（82）ぼくは文科系より理科系の方（　）向いている。

（83）シンポジウム（　）偶然に大学の同級生と会った。

（84）引き受けた以上、やる（　）ほかはない。

（85）家から区役所（　）1キロぐらいある。

（86）みんな（　）意見は対立したままである。

（87）それは見本（　）違うから、受取れない。

（88）今度のことの一部始終をあなた（　）説明してください。

（89）出発（　）時間はあと3日しかない。

（90）友達と協力して、膨大なデータ（　）処理した。

（91）春（　）なると、南の国からツバメがやってくる。

（92）兄は来春、朝子さん（　）結婚するそうだ。

（93）友達（　）メールを待っている。

（94）いまのところ、彼女よりほかに適任者（　）いない。

（95）家が遠いので、8時からの授業（　）つらい。

（96）あの方は私がずっと師（　）仰ぐ人物だ。

（97）酒は米（　）造る。

（98）彼女は踵（　）スカートをはいている。

（99）あの人のような人物は2人（　）いないと思う。

（100）門限（　）帰ってきなさい。


二、选择填空。

1.「から、に、で、を」の中から適当なものを選んで、（　　）の中に入れなさい。

（1）わたしは先輩（　　）日本語の辞書を借りた。

（2）列車の窓（　　）富士山が見えた。

（3）私の家は大きい木（　　　）囲まれている。

（4）専門家たちはいろいろなデータ（　　　）地震の可能性があると判断した。

（5）犬（　　　）ほえられて、逃げてきた。

（6）私は車にどろ（　　　）ひっかけられた。

（7）私は朝8時に北京国際空港（　　　）東京へ出発する。

（8）この論文は4章（　　　）なっている。

（9）それでは、わたしもう一度皆さん（　　　）相談してみよう。

（10）テストの問題は教科書（　　　）出すと先生が言った。

（11）千代紙（　　　）鶴を折って、母の病気見舞いの時に持っていく。

（12）彼は去年の7月に大学（　　　）出て、今の会社に来たのだ。

（13）妹は幼稚園（　　　）小学校に上がった。

（14）些細なこと（　　　）けんかになった。

（15）車が駐車場（　　　）出て、空港に向かった。

（16）パンは小麦（　　　）作られる。

（17）これは先生（　　　）出す手紙です。

（18）失敗から教訓（　　　）汲み取って、もう一度やり直すつもりだ。

（19）李さんの卒業論文（　　　）判断すると、ずいぶん研究の潜在力を持っていると思う。

（20）珍しい品だね。どこ（　　　）買ったのだろう。


2.「と、に」の中から適当なものを選んで、（　　　）の中に入れなさい。

（1）わが社はあの会社（　　　）は10年以上の取引関係を持っている。

（2）「借りたものなら、ちゃんともとのところ（　　）返さなければだめよ」と私が叱ると、
　　妹は何か言いたそうにしていた。

（3）彼の性格は学生時代（　　）同じで、少しも変わっていない。

（4）友達（　　　）の約束は何があっても守るべきだ。

（5）今日こそ、宿題を持ってくる（　　　）思っていたのに、また忘れてしまった。

（6）動物園までバス（　　）乗って、地下鉄（　　）乗り換える。

（7）あなたの話は実際（　　　）ずいぶん違っている。

（8）昔、太陽を神（　　　）する宗教があった。

（9）このスーツケースは持ち運び（　　　）便利だ。

（10）いつもはおとなしい彼女が、廊下で誰か（　　　）激しく言い合っている。

（11）この辺りは静かに暮らすの（　　　）ふさわしい環境だ。

（12）先生は黒板に大きく「こころ」（　　　）書いた。

（13）私は二度（　　　）このような失敗を繰り返すまい（　　　）心に誓った。

（14）だんだん暖かくなってきて、氷が溶けて水（　　　）なった。

（15）心配なことがある（　　　）見えて、さっきからずっと黙って考えこんでいる。

（16）昨日、久しぶりにみんな（　　　）カラオケに行った。

（17）ここは駅（　　　）近くて、とても便利だ。

（18）私の故郷（　　　）比べて、ここの空気は乾燥している。

3．「まで、までに、までの、からの」の中から適当なものを選んで、（　　　）の中に入れなさい。

（1）ここから空港（　　　）タクシーで40分くらいかかる。

（2）ここ（　　　）道は少し歩きにくい。

（3）せっかく遠く（　　　）来たのだから、ゆっくり見物しよう。

（4）月（　　　）引力は大きい。

（5）ゆうべ、遅く（　　　）起きていたので、ちょっと眠い。

（6）昨日の就職説明会には1000人（　　　）学生が集まった。

（7）さっき（　　　）捜していたかぎがちゃんと机の上にあった。

（8）これは以前（　　　）印象だから、簡単には替えられない。

（9）土曜日（　　　）でき上がると約束してくれたから、結果を待とう。

（10）両親（　　　）結婚祝いをいまでも大事にしまっている。

（11）人生死ぬ（　　　）勉強だとあの人はいつも口癖のように言っている。

（12）ここから駅（　　　）距離はどのくらいありますか。

（13）議論は夜中（　　　）続いたが、まだ終わりそうにない。

（14）発車（　　　）時間を利用してお土産を買った。

（15）午後6時（　　　）50名の応募者がいた。

（16）これは先生（　　　）言い付けだ。

4．「より、と、に、から、へ」の中から適当なものを選んで、（　　　）の中に入れなさい。

（1）今朝、貴社（　　　）大会のご案内を頂きました。

（2）ここは私のふるさと（　　　）違って、一年中暖かい。

（3）ちょっと近くのコンビニ（　　　）行ってくる。

（4）努力する（　　　）ほかに成功する道はない。

（5）AはB（　　　）等しい。

（6）うわべを飾る（　　　）心のきれいなことが大切だ。

（7）右（　　　）行けば北京、左（　　　）行けば天津だ。

（8）これは大学生（　　　）ふさわしくない言語行動だ。

（9）これは両親（　　　）のお祝いだ。

（10）むこう（　　　）着いたら連絡をください。

（11）ここ（　　　）は、別の県になる。

（12）滞在時間はあまり短すぎて、どこ（　　　）行ったらいいか分からない。

5.「に、で、の、を、から」の中から適当なものを選んで、（　　）の中に書きなさい。

（1）どこ（　　　）山田さん（　　　）出会ったんですか。
　　　──駅（　　　）そば（　　　）喫茶店です。

（2）この申込書（　　　）住所と名前（　　　）ボールペン（　　　）書いてください。

（3）大阪なら次の駅（　　　）降りて、特急（　　　）乗換えた方が早いですよ。

（4）木（　　　）上ったら危ないから、早く下（　　　）降りてきたください。

（5）父（　　　）今着ているセーターは、私が去年父（　　　）誕生日（　　　）買ってあげた
　　　ものです。

（6）一匹のパンダが木（　　　）降りてきた。

（7）子供の頃よくこの川（　　　）泳いだものだ。

（8）学校の帰りにスーパー（　　　）寄って、買い物をして帰りたいです。

（9）観光客はたいていこのお寺（　　　）訪れます。

（10）おふろ（　　　）あがって飲むビールほどおいしいものはありません。

（11）広州（　　　）生まれたのですが、5歳の時に北京（　　　）引っ越してきました。

（12）その橋（　　　）渡って、郵便局の角（　　　）左（　　　）曲がってください。

6.「が、を、に、と、×」の中から適当なものを選んで、（　　）の中に書きなさい。

（1）ここは日本で一番土地の値段の高いところです。一坪いくら（　　　）すると思い
　　　ますか。

（2）うっかりして時計（　　　）してくるのを忘れてしまいました。

（3）この山を崩して、ゴルフ場（　　　）する計画があるそうです。

（4）新婚旅行はハワイ（　　　）しました。

（5）以上簡単ながら、私のあいさつ（　　　）したいです。

（6）久しぶりに国から届いた荷物を開けたら、故郷の匂い（　　　）しました。

（7）あの人にはどこかで会ったような気（　　　）します。

（8）社長はあと10分（　　　）したら戻ってまいりますので、しばらくお待ちください。

7. 正しい方の助詞を〇で囲みなさい。

（1）ここ［に／で］待たせてもらっていいですか。

　　　——ええ、どうぞ。こちらのソファー［に／で］座って、お待ちください。

（2）大学［を／から］出て会社［を／に］入ってからもう5年［に／と］なります。

（3）妹が英語［と／を］習いたがっているんですが、どこか［に／で］いい学校はありませんか。

　　　——ぼく［が／で］よかったら教えてあげますよ。

（4）この薬は一日［に／で］3回、食後［に／で］飲んでください。

（5）きのう、ここ［に／で］交通事故があって、自転車［に／を］乗っていた少年が車［に／で］轢かれました。

（6）ぼくは文学［より／から］数学の方が好きです。

（7）赤道［から／まで］北を北半球という。

（8）これは何［から／より］けっこうな品です。

（9）上田様、受付［から／まで］お越しください。

（10）会議は夜遅く［より／まで］続いた。

## 答　案

一、（1）が　　　（2）を　　　（3）を　　　（4）から　　　（5）まで
　　（6）より　　（7）は　　　（8）と　　　（9）から　　　（10）との
　　（11）が　　 （12）を　　 （13）の　　 （14）と　　　 （15）と
　　（16）は　　 （17）より　 （18）から　 （19）を　　　 （20）が
　　（21）で　　 （22）と　　 （23）から／に （24）まで　 （25）は

| （26）も | （27）までに | （28）からの | （29）より | （30）が |
|---|---|---|---|---|
| （31）まで | （32）を | （33）から | （34）と | （35）より |
| （36）から | （37）で | （38）まで | （39）は | （40）と |
| （41）からの | （42）までに | （43）を | （44）との | （45）と |
| （46）に | （47）しか | （48）の | （49）より | （50）が |
| （51）に | （52）と | （53）より | （54）と | （55）を |
| （56）と | （57）から | （58）まで | （59）は | （60）との |
| （61）と | （62）が | （63）と | （64）から | （65）を |
| （66）と | （67）から | （68）までに | （69）に | （70）まで |
| （71）も | （72）には | （73）から | （74）から | （75）より |
| （76）と | （77）まで | （78）から | （79）を | （80）も |
| （81）と | （82）が | （83）で | （84）より | （85）まで |
| （86）との | （87）と | （88）から | （89）までの | （90）を |
| （91）に | （92）と | （93）からの | （94）が | （95）は |
| （96）と | （97）から | （98）までの | （99）と | （100）までに |

二、1.（1）に／から　　（2）から　　　（3）で　　　　（4）から　　　（5）に
　　（6）を　　　　　（7）から　　　（8）から　　　（9）に　　　　（10）から
　　（11）で　　　　　（12）を　　　　（13）から　　（14）から　　　（15）を
　　（16）から　　　　（17）に　　　　（18）を　　　（19）から　　　（20）で

　　2.（1）と　　　　　（2）に　　　　（3）と　　　　（4）と　　　　（5）と
　　（6）に；に　　　　（7）と　　　　（8）と　　　　（9）に　　　　（10）と
　　（11）に　　　　　（12）と　　　　（13）と；と　　（14）と　　　（15）と
　　（16）と　　　　　（17）に　　　　（18）と／に

　　3.（1）まで　　　　（2）からの　　（3）まで　　　（4）からの　　（5）まで
　　（6）からの　　　　（7）まで　　　（8）からの　　（9）までに　　（10）からの
　　（11）まで　　　　（12）までの　　（13）まで　　（14）までの　　（15）までに
　　（16）からの

4.（1）から　　　（2）と　　　　（3）に　　　　（4）より　　　（5）に
　（6）より　　　（7）へ;へ　　（8）に　　　　（9）から　　　（10）に
　（11）から　　 （12）へ

5.（1）で;に;の;の　　　　　（2）に;を;で
　（3）で;に　　　　　　　　（4）に;に
　（5）の;の;に　　　　　　　（6）から
　（7）で　　　　　　　　　　（8）に
　（9）を　　　　　　　　　　（10）から
　（11）で;に　　　　　　　　（12）を;を;に

6.（1）×　　　　（2）を　　　　（3）に　　　　（4）に　　　　（5）と
　（6）が　　　　（7）が　　　　（8）×

7.（1）で;に　　　　　　　　　（2）を;に;に
　（3）を;に;で　　　　　　　　（4）に;に
　（5）で;に;に　　　　　　　　（6）より
　（7）から　　　　　　　　　　（8）より
　（9）まで　　　　　　　　　　（10）まで

# 主な参考書

《漢語話者のためのわかりやすい日本語シリーズ3　類義表現の使い分け》

国際文化フォーラム　2002年7月

《ここからはじまる日本語文法》　森山卓郎　著　ひつじ書房　2000年3月

《使い方が分かる　類語例解辞典》　遠藤織枝等　小学館　1994年1月

《日本語教育のための　文法用語》　国立国語研究所　財務省印刷所　2001年7月

《日本語文型辞典》　グレープ・ジャマシイ　編著　くろしお出版　1998年2月

《日语常用表达形式用法辞典》赵华敏 林洪 編著　北京大学出版社　2003年1月

**图书在版编目（CIP）数据**

新编基础日语学习参考书（一、二册）／赵华敏，王彩琴编
著.—上海：上海译文出版社，2008.8
ISBN 978-7-5327-4525-8

Ⅰ．新... Ⅱ．①赵...②王... Ⅲ．日语-教学参考资料
Ⅳ．H36

中国版本图书馆CIP数据核字（2008)第035983号

**新编基础日语学习参考书（一、二册）**

赵华敏　王彩琴 编著

———————

上海世纪出版股份有限公司
译文出版社出版、发行
网址：www.yiwen.com.cn
200001　上海福建中路193号　www.ewen.cc
全国新华书店经销
上海宝山译文印刷厂印刷

———————

开本787×1092　1/32　印张15　插页2　字数271,000
2008 年 8 月第 1 版　2008 年 8 月第 1 次印刷
印数：0,001—5,000 册
ISBN 978-7-5327-4525-8／H·821
定价：25.00元

如有质量问题，请与承印厂质量科联系。T：021-56433744